Los bravos
용감한 사람들

<지식을만드는지식 천줄읽기>는 오리지널 고전에 대한 통찰의 책읽기입니다. 전문가가 원전에서 핵심 내용만 뽑아내는 발췌 방식입니다.

지식을만드는지식 천줄읽기

Los bravos
용감한 사람들

헤수스 페르난데스 산토스(Jesús Fernández Santos) 지음

김선웅 옮김

대한민국, 서울, 지식을만드는지식, 2013

편집자 일러두기

- 이 책은 ≪용감한 사람들(Los bravos)≫(Editoriales Destino, 1987)을 원전으로 삼아 옮긴 것입니다.
- 이 책은 원전의 약 50퍼센트 분량을 발췌·번역했습니다.
- 본문 중에서 역자가 내용을 요약한 부분이 있습니다. 이 부분은 고딕체로 표시했습니다.
- 이 작품은 국내에서 처음 번역된 것입니다.
- 외래어 표기는 현행 한글어문규정의 외래어표기법을 따랐습니다.

차 례

해설 · · · · · · · · · · · · · · · · · · ·7

지은이에 대해 · · · · · · · · · · · · · · · 16

용감한 사람들 · · · · · · · · · · · · · · · 19

옮긴이에 대해 · · · · · · · · · · · · · · · 180

해 설

책 소개

헤수스 페르난데스 산토스의 ≪용감한 사람들≫은 그의 동료 작가인 산체스 페를로시오(Sánchez Ferlosio)의 ≪하라마 강≫과 함께 1950년대에 발표된 작품 중에서 가장 주목을 받은 소설이다. 스페인 내전 이후 스페인의 어려운 사회상을 독자들에게 알려 주는 사회소설의 범주에 드는 작품이다. 이 소설은 거의 모든 비평가 사이에서 전후 스페인 현대문학의 새로운 지평을 열었다는 평가를 받았다. 영화적 기법 도입, 객관주의 시각, 새로운 소설 기법 적용 그리고 현실사회에 대한 날카로운 지적 등이 이 작품의 중요한 요소들이다. 그렇다고 예전의 전통적인 소설 기법이 모두 사라진 것은 아니라서, 갈도스나 클라린 그리고 바로하 등 전 세대 작가들의 영향도 남아 있다. 하지만 19세기 스페인의 대표 작가인 갈도스가 부르주아 계층에 관심을 두었다면 페르난데스 산토스는 서민 계층에 관심을 두었고, 갈도스가 개개인의 심리 분석에 치중했다면 페르난데스 산토스는 서민 사회계층의 고충 분석에 치중했다. 이것은 전 세대와 확연히 구분되는 점이다.

이렇듯 서민 계층의 인물들을 대변하려는 시도는, 19세기 작가들이 등장인물들의 내면세계까지 속속들이 알고 있는 전지적 화자를 사용한 반면 페르난데스 산토스는 실생활에서 벌어질 수 있는 짧은 대화를 자주 사용해 등장인물의 모습 그 자체를 보여 주고, 화자의 등장을 최소화하는 것으로 나타난다. 이로써 독자는 작가 혹은 화자의 의향에 이끌려 가는 것이 아니라 독자 자신의 의견을 펼칠 수 있게 된다. ≪용감한 사람들≫의 주요 주인공이라 할 수 있는 의사와 돈 프루덴시오가 그들의 과거를 회상하는 것을 빼고는 다른 모든 등장인물은 자신의 과거를 이야기하지 않는다. 이들에게는 삶의 고통이 존재하는 현재만이 있을 뿐이다. 작가는 주인공들의 영웅적인 삶보다는 여러 등장인물의 매일매일의 생활 속에서 진정성을 찾으려는 노력을 했다.

페르난데스 산토스는 비평가 호세 마리아 카스테옛(Jose María Castellet)이 처음으로 사용하기 시작한 '50세대'라는 작가군에 속하는데, 이는 1950년대 초기에 자신들의 첫 작품을 발표한 작가들을 지칭하는 명칭이다. 이 작가군에 속하는 작가는 알데코아(Aldecoa), 산체스 페를로시오, 프라일레(Frile), 사스트레(Sastre), 마르틴 가이테(Martín

Gaite), 마투테(Matute) 등이 있다. 이들은 당시 스페인 사회의 문제점을 가감 없이 지적하고 고발하는 작품들을 세상에 내놓았다. 자신들의 작품을 세상과 소통하는 수단으로 이용했고, 사회적 문제를 언급함으로써 독자들에게 일종의 경각심을 일깨우려는 의도가 숨어 있었다.

'50세대'에 대한 많은 의견이 있지만 에스테반 솔레르의 의견을 요약한다면 '50세대'의 특징을 잘 알아볼 수 있다. 첫째 특징으로는 시공간의 축소를 들 수 있다. 이들 작가들의 작품들은 몇 시간부터 길어 봐야 몇 달 정도의 시간 배경으로, 주로 한정된 공간에서 진행된다. 이러한 시공간의 축소는 동시간적 상황 표현을 첨가해 생동감 있는 장면을 연출한다. 둘째 특징으로 '집단적 주인공'의 등장을 들 수 있다. 19세기 작품들이 한 명의 주인공에 집중되었다면, 이들의 작품에서는 다수의 등장인물 혹은 어느 한 집단이 주인공이 되는 경향이 있다. 그러므로 전개되는 이야기의 주제는 어느 한 인물에 국한되는 것이 아니라 집단적 그리고 사회적인 것이다. 셋째는 객관주의 시점이다. 예전의 전지적 작가 시점에서 벗어나서 화자는 단순한 이야기 전달자가 된다. 이러한 특징은 미국의 로스트제너레이션 작가들의 '행동주의' 소설의 영향에서 그 근원을 찾아볼 수 있다.

또한 당시 스페인에 소개된 이탈리아 신사실주의의 영향

을 많이 받아 영화적 기법도 자신들의 소설에 이용한다. 로베르토 로셀리니의 영화 <무방비 도시>를 본 많은 '50세대' 작가들은 격한 충격에 사로잡힌다. 사실에 대한 진솔한 접근 방법에 매료된 스페인의 젊은 작가들은 자신들의 소설에도 이러한 방식을 도입한다. 이들의 소설에는 불필요한 묘사가 없는 대신에 등장인물들을 둘러싸고 있는 현실을 있는 그대로 연출한다. 그때까지 주변 인물로만 등장했던 노동자, 농민, 어부 등 평범한 사람들이 소설의 주인공이 된다. 소설의 주제 또한 역사적 사건이 아니라 평범한 일들이다. 또한 영화 기법인 '줌업'을 소설에도 적용해 독자들에게 새로운 반향을 일으킨다. 본 작품에서는 외지인의 등장에서 이러한 장면을 목격할 수 있다. 화면에서 낡은 구두를 시작으로 천천히 그의 몸 전체를 보여 주듯이, 소설에서도 구두에서부터 서서히 그의 형상이 화자가 아닌 다른 인물들의 입을 통해 묘사된다.

20세기 초반의 스페인 역사도 '50세대' 작가들의 특징을 이해하는 데 도움이 된다. 1936년부터 1939년까지 벌어진 스페인 내전은 프랑코가 이끄는 정부군의 승리로 돌아간다. 당시 소년기를 맞이한 이들 작가들은 전쟁에 대한 희미하고 막연한 기억들을 작품 속에 그려 내고 있다. 전쟁 당시의 현실에서 그러했듯이 직접적인 전쟁에 대한 묘사보다는 멀리서 들리는 총성, 어른들의 전쟁에 대한 이야기, 돌아오지 않는 아버지, 어머니의 소리 없는 울음 등으로 전쟁에 대한 두려움을 간접적으로 표현한다.

≪용감한 사람들≫은 스페인 북부 아스투리아스(Asturias) 주의 경계에 있는 카스티야 레온(Castilla y León) 주의 작은 마을에서 벌어지는 이야기다. 차례의 제목은 없고 세 개의 별표로 구분되는 42개의 부분으로 되어 있다. 시간적 배경은 무더운 8월의 14일 동안 벌어지는 사건을 담고 있다. 직접적인 시간을 언급하거나(예컨대 "거의 네 시가 되었다") 자연적인 시간의 변화로(예컨대 "해는 이미 중천에 떠 있었다") 시간의 흐름을 나타내고 있다. 또한 일상생활의 진행으로도(예컨대 "평일과 마찬가지로 새벽부터 일하러 갔다") 시간의 흐름을 보여 준다. 동시간적 상황 표현은 작품의 초반부터 등장한다. 의사가 페페를 도와 자동차 수리를 하는 장면과 안톤이 낮잠에서 일어나는 장면은 같은 시간대에 벌어지는 상황이다. 작가는 이 두 개의 상황을 번갈아 가며 묘사를 하다가 안톤과 이들 간 대화로 마무리한다.

객관주의의 영향은 화자를 통해서도 그 변화를 인지할 수 있다. 이야기 전개를 들려주는 화자, 즉 'telling'에서 이야기를 보여 주는 화자, 즉 'showing'으로의 변환이다. 이러한 변환뿐만 아니라 아예 연결어가 생략이 되어 등장인물의 대화만이 등장하는 경우가 많아졌다. 대화도 있는 그대로를 보여 주는 가식이 없는 것이다. 이러한 결과로 독자는 등장인물의 성격, 그의 내면세계 혹은 제3자의 성향까지도 대화 내용을 통해서 알 수 있다. 본 작품도 대화 부분이 많이 등장하고 있다.

공간 배경의 축소 또한 두드러진 특징 중 하나인데, 위에서 언급했듯이 카스티야 레온의 조그만 마을이 배경이다. 단 두 번의 경우만 이 마을을 벗어난 곳이 배경이 된다. 하나는 의사가 산으로 가서, 폐병에 걸린 목동을 치료하는 부분과 돈 프루덴시오가 도시 의사에게 진찰을 받는 부분이다. 나머지 이야기 전개는 모두 이 조그만 마을에서 벌어진다. 이 소설의 공간 배경인 마을은 페르난데스 산토스 부모의 고향이라는 것에서 알 수 있듯이, 객관주의 소설의 공간 대부분은 작가가 상상한 공간이 아니라 작가 자신이 확실히 알고 있는 공간을 소설의 배경으로 삼는 경우가 많다.

다른 동료 작가들과 마찬가지로 페르난데스 산토스는 이 작품에서 사회적 문제를 대두시킨다. 전쟁 후 피폐해진 농촌의 삶, 이런 삶에서 벗어나려는 과정으로 페페처럼 도시로 가는 이주자를 볼 수 있다. 남자들과 동일한 생산노동에 시달리지만 일요일마저 집안일로 내몰리는 여자들의 비극적 운명, 이에 대비돼 마을 지주인 돈 프루덴시오는 평생 일도 하지 않았지만 편안한 삶을 누리고 있는 역설적인 면도 이 작품에서 볼 수 있다.

줄거리

어느 한 노인이 손을 심하게 베인 소년을 데리고 마놀로의 선술집에 머물고 있는 의사를 찾아오는 장면으로 소설은 시작한다. 의사는 도시 생활을 잠시 접고 시골 마을 의사로 지내고 있었다. 별다른 변화가 없는 시골 생활에 잘 적응하며 지내고 있다가, 마을 지주인 돈 프루덴시오 집에서 집안일을 하는 소코로에게 연민을 느낀다. 그녀도 늙은 주인과는 사뭇 다른 젊은 의사에게 호감을 갖게 된다. 이들은 돈 프루덴시오의 부탁으로 소코로를 진찰하게 되는 것을 계기로 서로의 감정을 확인하고 미래를 약속한다. 이 둘은 돈 프루덴시오가 도시의 병원에 진찰을 하러 간 틈을 이용해 새로운 보금자리로 거처를 옮긴다. 한편 알프레도는 마을 강에 살고 있는 전설적인 숭어를 잡겠다는 일념으로 두 딸의 걱정과 엄청난 벌금에도 아랑곳하지 않고 숭어가 있는 강 상류쪽 산으로 갔다가 민병대원의 총에 다리를 맞는 사고를 당한다. 또한 조용한 마을에 한 외지인이 나타나 자신이 은행

대리인임을 자처하며 마을 사람들을 상대로 사기 행각을 벌인다. 이 사기 행각은 근처 마을에서도 벌어졌지만 발각되어 외지인은 뭇매를 맞는다. 민병대에 인계되기 전에 의사가 그를 발견하고 치료할 목적으로 자신의 집으로 데려온다. 이를 계기로 의사는 마을 사람들과의 믿음이 깨지기 시작한다. 그전에는 전임자와 비교를 해 가며 젊은 의사를 칭찬했지만, 자신들의 돈을 갈취한 범인을 치료했다는 이유로 그를 내쫓으려 한다. 하지만 의사는 의사의 본분을 다하고 범인을 민병대에 인계한다. 이 사건을 계기로 모두 의사가 마을을 떠날 것이라 생각했지만 의사는 죽은 돈 프루덴시오의 집을 구입하고 소코로와 마을에 남는다.

편역 작업

이 작품은 1954년 카스탈리아(Castalia) 출판사에서 처음으로 출간됐지만, 1952~1953년 < 아테네오(Ateneo) > 라는 잡지에서 먼저 소개됐다. 번역에 사용한 책은 데스티노 출판사(Editoriales Destino)의 1987년 판이다.

이 작품은 한국에서는 처음으로 번역되는 것이고, 발췌 방식으로는 주인공인 의사와 주민의 관계에 중점을 두었다.

목동을 치료하러 가는 장면과 돈 프루덴시오가 도시에 가는 부분은 삭제했다. 또한 대부분 풍광을 묘사하는 부분도 번역에서 제외했다. 발췌된 부분은 전체 분량의 50퍼센트 정도다. 하지만 삭제한 부분은 주요 내용과 큰 관련이 없어서, 발췌한 부분으로도 전체 이야기를 이해할 수 있다.

지은이에 대해

1926년 마드리드에서 태어난 페르난데스 산토스는 그가 열 살 때 스페인 내전이 벌어지자 마드리드 근교 세고비아로 잠시 이주해 살았다. 몇 년 후에 다시 마드리드로 가족이 이사했지만, 그의 아버지의 죽음으로 불운한 청소년기를 맞는다. 마드리드 국립대 인문학부에 입학하지만 학업을 마치지 못한 페르난데스 산토스는 많은 지면을 통해 자신은 동료들과 대화에서 더 많은 것을 배웠다고 고백한다. 이렇듯 그의 문학적 동지들인 알데코아, 산체스 페를로시오, 프라일레, 사스트레, 마르틴 가이테 등은 페르난데스 산토스의 작품에 영향을 미친다. 물론 그의 작품도 그의 동료들에게 영향을 주었다. 또한 청소년기에 그의 유일한 안식처가 되었던 영화에 대한 관심으로 '영화 연구소'에 등록을 하고 본격적으로 영화를 공부하며 영화 기법을 자신의 작품에 적용하기도 한다.

그의 첫 작품인 ≪용감한 사람들≫은 <아테네오>라는 잡지에 연재가 되었지만 그다지 주목을 받지 못했다. 하지만 1954년에 카스탈리아 출판사에서 출간하면서, 스페인의 중요 문학상인 나달상의 최종 후보에 오른다. 이후 그의 단편소설집인 ≪까까머리≫와 소설 ≪성자들의 남자≫가 각각 스페인 비평상을 받았고, ≪사건 보고서≫로 나달상의 주인이 되었으며, ≪이름 없는 여인≫으로 스페인한림원장상 그리고 ≪위기의 여인≫으로 플라네타상을 수상한다.

페르난데스 산토스의 초기 작품인 ≪용감한 사람들≫, ≪화롯가에서≫ 그리고 ≪미로≫ 등에서는 사회적 문제점을 고발하는 신사실주의 경향의 작품들을 소개했고, 이후로는 ≪성자들의 남자≫와 ≪사건 보고서≫에서 보듯이 실존주의 영향을 받은 작품들이 탄생한다. ≪이름 없는 여인≫과 ≪외벽≫은 역사소설로서, 작가는 단순히 배경을 과거로 옮기는 것이 아니라 고증적 검토를 거쳐 그 시대의 언어를 되살려 독자에게 소개했다. 또한 4편의 단편집은 페르난데스 산토스의 소설과 소설을 이어 주는 가교 역할을 한다. 왜냐하면 단편집에서 다루어진 주제나 소설 기법들은 그의 다음 소설에서 나타나는 경향이 있기 때문이다.

영화 또한 페르난데스 산토스를 이해하는 데 도움이 된다. 당시 카페 '히혼'은 많은 영화인들이 자신들의 영화에 대해 토론하는 장소였는데, 페르난데스 산토스도 이곳을 자주 방문했다. 그는 사업적 영화보다는 다큐멘터리에 관심을 보였는데, 이 또한 나중에 그의 문학작품에 지대한 영향을 미친다. 이탈리아 신사실주의 영화감독들이 그러했듯이 스페인의 현실을 이해하려는 목적으로 그는 스페인 이곳저곳을 걸어서 탐방하게 된다. <그레코>라는 작품으로 발렌시아 비엔날레에서 상을 받고, 화가 고야의 생애를 다룬 다큐멘터리 <스페인 1800>은 영화비평상을 수상한다. 작가, 다큐멘터리 감독이면서 그는 영화 평론가이기도 했다. 이 점에서 페르난데스 산토스 연구자 중의 한 명인 콘차 알보르그(Concha Alborg)의 의견에 귀를 기울일 필요가 있다. 그녀는 페르난데스 산토스가 여러 문학상을 탔는데도 그의 작품들이 대중적인 인기를 못 얻는 것과 관련해 "아마도 많은 독자는 영화 평론가로만 기억을 하고, 작가로는 기억을 못 하고 있는 것 같다"고 지적했다.

30년에 이르는 작품 활동은 1987년 ≪사랑과 고독의 발라드≫를 발표하며 막을 내리지만, 1982년 겪은 뇌출혈 이후로는 문학성이 많이 떨어졌다는 평가를 벗어나지 못했다. 페르난데스 산토스는 1988년 지병으로 생애를 마감한다.

용감한 사람들

한 마리 말이 문 앞에서 멈추었다. 말에 타고 있던 노인이 먼저 말에서 내렸고, 말을 묶어 두고 부엌까지 들어갔다. 그곳에서 아무도 발견하지 못하고 좁은 복도로 돌아설 때 무엇을 찾고 있느냐고 묻는 마놀로를 보았다.

마놀로는 선술집 가게를 겸한 여관 주인이다. 이 가게는 갖가지 생필품을 팔고, 방도 세놓으며, 마을에서 필요한 물건을 대 준다. 노인에게 물었다.

"뭘 찾으세요?"

"의사 계신가요? 계신가요?"

"아니요, 하지만 금방 올 겁니다."

노인은 얼굴이 일그러졌고, 무언가 생각하는 듯했다. 처마 밑에서 가만히 서 있는 말에 앉아 있는 소년을 보러 밖으로 나갔다. 소년은 노인에게 어찌 되었는지를 묻는 듯 노인을 쳐다보았다. 마놀로는 밖으로 나와 피가 흐르는 소년의 손을 보았다.

"어찌 된 일인가요?"

"베었어요. 나뭇가지를 치고 있었는데…. 피가 많이 나서 빨리 치료를 해야 하는데…."

피로 얼룩진 천으로 감싼 소년의 손을 보여 주었다.

소년은 말이 없었지만, 심한 고통에 시달렸다. 소년은 의사가 돌아올 길을 계속 바라만 보고 있었다. 갑자기 피가 나는 자신의 손을 보며, 창백해지기 시작했다. 노인은, 소년이 고통과 출혈로 인해 또한 다친 손을 봐야 한다는 두려움 때문에 벌써 세 번이나 기절했다고 말했다.

"왜 말에서 안 내리게 해요? 앉아서 쉬게 하는 게…."

"좀 도와주시겠어요? 어린아이라지만 자기 몸무게가 있으니…."

둘이서 소년을 내리고 안쪽에 앉혔다. 독주 한 잔을 마시게 했고, 기운을 돋우어 주었다. 다친 손은 탁자 위에 올려놓았고, 마놀로는 행주로 컵에 난 입술 자국을 닦기 위해 탁자를 건드리지 않으려 빙 돌아서 갔다.

십여 분이 지났을 때 시끄러운 소리를 내며 우체국 트럭이 도착했다. 두 명의 여행객과 주문품 그리고 등기우편을 싣고 왔다. 마놀로는 다시 밖으로 나가 동생인 페페를 도와 물건들을 내리고, 진열대에 수취인들이 물건을 찾아가도록 놓았다. 술병 한 상자, 밧줄, 낫 날 세 개, 담배 몇 보루, 페니실린 이십 여개 등이 물건의 주인들에게 전달되었다. 그리고 그의 동생은 우편함에서 귀찮은 듯 편지를 분류하고 있었다.

의사가 돌아왔을 때는 거의 두 시를 가리키고 있었다. 언덕을 올라오느라 지쳐서, 큰 숨을 쉬었다. 창문가에 멈추어 서서 물었다.

"나한테 뭐가 왔나요?"

페페는 고개를 저었다. 마놀로가 노인과 소년을 가리키며 말을 건넸다.

"이들이 의사 선생님을 기다리고 있습니다."

가게 안으로 들어가, 두 사람을 훑어보고, 몸에 밴 행동으로 아주 조심스럽게 피가 나는 손을 천천히 잡았다. 그리고 나지막하게 말했다.

"자, 들어갑시다!"

다른 사람들은 의사를 따라 강모래 냄새와 소나무 향이 나는 좁다란 복도를 따라 그의 방까지 들어갔다. 그리고 소년은 마지막 계단을 오르는 노인에게 물었다.

하지만 노인은 대답하지 않았다. 반대로 조용히 있으라는 신호를 보냈다.

의사는 이들에게 큰 신뢰감을 주지 못한다는 것을 감지했다. 이들의 시선이 멈춘 곳은 작고 낡은 가방이었다. 이들에게 수많은 경험이 있었다고, 의학에 풍부한 지식이 있노라고 말할 필요까지는 없었다. 의사가 이곳에 와서부터 항상 그랬다. 못 알아봐 준다고 기분 나빠하지도 않았다. 소년은 의사를 찬찬히 지켜보았다. 그의 손에 잡혀 있는 수술도구를 보았고, 또다시 그를 쳐다보았다. 의사는 아무 말이 없었으나 그의 얼굴 표정은 마치 두려움이라도 쫓아 버릴 듯

진지했다. 소년에게 한마디 정도는 건넬 만했고, 부드러운 표정을 지을 수 있었지만 숨소리만 들리는 조용함을 깨지 않기로 했다. 주차장에 들어오는 페페의 자동차의 진동이 전해질 때 의사는 천을 풀고 있었다.

손가락은 어쩔 도리가 없었다. 하얀 뼈를 드러낸 채 거의 잘려진 상태였다. 자르는 수밖에 없었고, 소년에게 그렇게 전했다. 소년은 또다시 기절했다. 그러는 동안 노인은 코냑을 더 가져왔고, 붕대를 계속 풀어 태워 버리려고 한쪽으로 치웠다.

메스는 점점 더 큰 고통을 일으켰다. 다친 손가락을 떼어내려 잡아당길 때 의사는 자신의 손을 통해 소년의 고통에 찬 전율을 느꼈다. 방 안의 어스름한 호롱불 빛에서 땀에 젖은 소년의 이마를 보았다. 파리 한 마리가 피 주변에서 비행했고, 노인은 파리를 내쫓았다. 소년은 낫겠다는 열망과는 거리가 먼 작은 동물처럼 흐느적거렸다.

물 한 잔을 마시고, 이마의 땀을 닦았다.

"끝났나요?"

"예."

거의 네 시가 되었다. 노인은 손을 닦고 있는 의사를 바라보았다. 아마도 의사가 얼마나 치료비를 받을까를 생각하고 있었을 것이다. 그들은 자신들의 고통이 그가 청구하는 돈과는 아무런 관련이 없다고 생각할 것이다. 어찌 되었든 간에 그들에게 치료비는 부당하다고 느껴질 테니까. 그전에 자주 들었던 탄식을 생각하면 이해하기 쉬운 일이다. 하지만, 이들은 아무런 말 없이 돈을 지불했고, 의사는 문까지 배웅할 때, 몇 시간째 아무것도 못 먹었다는 것을 알고 시장기를 느꼈다.

그가 식사를 할 때 손가락은 종이에 싸인 채 부엌 찬장에 놓여 있었다.

"손가락 좀 봐도 될까요?"

마놀로는 조심스레 이리저리 살펴보다 자신의 것과 비교까지 했다. 그의 아내가 소리를 쳤다.

"묻어 버려요. 징그럽다니까!" 있었던 곳에 두라고 소리를 쳤다.

"손가락을 자를 때 느낌이 어떨까요?"

"별 느낌은 없어요. 아플 뿐이지."

* * *

동네는 조용했다. 유일한 존재의 목적이 존재 그 자체인 양 집, 강, 다리, 도로 등 모든 것은 항상 그 자리를 지키고 있었다. 검게 타 버린 교회 주변에서 공허함은 눈에 보일 듯했다. 가지런히 뚫린 창문이 있는 교회는 전쟁으로 인해 증오와 기관총 소리가 묻혀 있지만 이제는 모두 잊고 있었다.

시곗바늘이 없는 시계는 세상에 없는 멈춰진 시간을 가리키고 있다. 비가 오고 난 후 피어난 버섯 모양처럼 지어진 색 바랜 단층의 집들과 마주 보고 있었다. 이 집들은 어느 날 화재로 다 타 버린 후에 급히 다시 지어진 것들이었다. 쐐기풀과 들장미들은 합창단 단상 주변에서 자라고 있었고, 덩굴은 모닥불에 그을려 더러워진 고해성사실의 칸막이를 둘러싸고 있었고, 종탑에는 덩그러니 종이 매달려 있었다.

의사는 집 뒤편의 뜰로 나가서, 손가락을 묻을 작은 무덤을 만들기 위해 땅을 팠다. 그리고 주차장 문 앞에서 정신없이 자동차 엔진을 분해하고 있는 페페를 보았다. 괭이를 바닥에 놓아두고, 담장의 철사 줄을 치우며 그쪽으로 향했다.

"무슨 일인가?"

페페는 머리를 들며, 잘은 몰라도 엔진 속에 석탄 가루가 있어서 요사이 며칠간 마치 마귀들이라도 들어 있는 것처럼 요상한 소리가 나고 있다고 대답했다. 의사는 도움을 자청했고, 이 둘은 엔진 덮개를 들어 검게 된 실린더를 보고 있었다.

"와우, 이것 좀 보게!"

조심스레 하나씩 닦기 시작했고, 바닥에 펼쳐 놓은 담요에 해체된 부품들을 하나씩 놓아두었다. 태양은 만지지 못할 정도로 쇠붙이를 뜨겁게 달구었다. 가끔씩 불어오는 바람만이 더위를 식혀 줄 뿐이었다. 바람은 들판이나 강물 위로 먼지를 날려 아랫길 쪽으로 보내고 있었다. 더러운 기름은 땅바닥에 흘러내렸고, 페페는 나지막하게 구시렁거렸다.

이장 비서인 안톤 고메스는 자신의 아내와 낮잠을 잤던 침대에서 깨어나, 침대 끝에 앉아 눈을 비비며 힘겹게 숨을 내쉬었다. 손으로 머리를 대강 만지며, 거울로 자신의 창백한 얼굴을 바라보았다. 슬리퍼를 손에 들고 부엌으로 향한 후에, 아직 설거지를 안 한 접시들 사이에 있는 빵 통에서 진찰 내역서를 찾고 있었다. 찾지 못해 아내를 깨울까 하다가 계속 찾기로 했다. 의사에게 지불해야 할 지불 내역서가 도착했고, 오후에 모든 주민들에게 해당하는 금액을 받아야만 했다.

드디어 내역서를 찾았다. 비록 이름들을 모두 외우고 있었지만 한 번 더 훑어보았다. 그리고 돈[1] 프루덴시오 집에 가까워질 때쯤 셔츠 주머니에 손을 집어넣었다. 선술집 주

---

[1] 돈(Don): 이름 앞에 붙이는 경칭어. 여자인 경우에는 도냐(Doña)라고 한다.

차장 근처에서 의사를 보았다. 그리고 '전에 있었던 의사는 저런 모습은 없었는데' 하고 생각했다.

"고장인가요?"

안톤은 물었다.

셔츠의 소매를 걷어 올린 두 사람은 동시에 대답했다.

"더위 때문인가 봅니다."

그러곤 바닥에 엎드려 나사를 조였다.

강 건너편에서 버드나무 사이로 먼지를 일으키며 나뒹구는 새끼 당나귀 한 마리가 침대보 안에서 땀에 젖어 잠을 자는 아내의 모습을 떠올리게 했다.

안톤은 혼잣말로 '이 양반은 땀도 안 흘려…' 하고 되새기며 계속 걸었다. 그리고 '돈 프루덴시오'를 덧붙였다.

새끼 당나귀는 일어나서 작은 원을 그리며 뛰다가 안톤의 시야에 벗어나지 않고 다시 나뒹굴기를 세 번이나 거듭했다. 한 손에 항아리를 들고 신발도 신지 않은 꾀죄죄한 금발 소녀와 마주쳤다. 당나귀는 소녀를 잠시 바라보더니 히힝 소리를 내고 멀어져 가며, 더위를 식히려고 분수대에서 손을 적시고 있는 그 소녀를 바라보았다.

몽유병에 걸린 듯 안톤은 돈 프루덴시오의 집으로 향하고 있었다. 앞뜰에 나와 있는 졸고 있는 듯한 소들을 밀치고 들어가 현관 앞에서 돈 프루덴시오를 불렀다.

"돈 프루덴시오, 돈 프루덴시오 어르신."

대답 대신에 짧은 적막함이 되돌아왔다. 다시 불렀다.

"돈 프루덴시오, 계세요?" 머리 둘레에만 회색빛 머리카락이 있는 반 대머리인 노인이 대문에 나 있는 쪽문에 나타났다가, 다시 안쪽으로 들어가 버렸다.

"문 좀 열어라, 소코로. 안톤이다."

항상 그렇듯 아무 표정 없는 얼굴로 소코로는 문을 열었다.

"무엇 때문인가?"

"진료 내역서 때문입니다."

돈 프루덴시오는 층계 발판에 앉아 그를 기다리고 있었다. 맨 위 단추가 풀려 있는 깨끗한 셔츠에 늘 입는 코르덴 재킷을 입고 있었다.

소코로는 이들을 부엌으로 안내했다. 이어 돈 프루덴시오는 안톤의 부인에 대한 안부를 물었다.

"부인은 어떠신가?"

"뭐, 그냥 잘 지내요." 안톤은 대답했다.

반쯤 열린 창문 근처에는 몇 마리의 파리들이 이리저리 날고 있었다.

노인은 계속 말을 이었다.

"거의 외출을 안 하니까, 나를 보러 오는 사람들에게 마을 소식을 듣는다네."

"그렇지요. 어르신, 이제는 쉬셔야지요."

"소코로, 어제 가져온 커피 한 잔 내와라."

"커피를 가져왔나요?"

"그럼. 포르투갈산이네. 꽤나 비쌌지. 1킬로에 100페세타[2]야."

내역서를 들고 자신의 이름을 찾은 뒤에 잠시 사라졌다가 겨드랑이 사이에 작은 금속 상자 하나를 끼고 돌아왔다. 돈을 세면서 안톤에게 마을 주민들에 대해 묻기 시작했다. 안톤은 쏟아지는 졸음을 참아 가며 겨우 대답했다.

"밖에는 전혀 안 나간다네. 오후 잠깐 도는 산책이 전부지. 이제는 소코로가 다 하네. 뭐 하러 참견하겠나! 나는 이제 필요한 것이 없다네."

안톤은 물을 끓이고 있는 소코로를 보며, 돈 프루덴시오가 진실로 필요한 것이 없는지 자문을 하고 있었다. 소코로는 뒤를 돌아보았고, 안톤의 시선은 그녀에게 멈추어져 있었다. 하지만 그녀는 자기를 쳐다보고 있다는 것에 전혀 개의치 않고, 불 앞에서 가만히 서 있었다. 이 이장 비서보다 조금이라도 똑똑한 사람이라면 노인의 유쾌함과 소코로의

---

[2] 페세타: 스페인의 옛 화폐 단위.

지루함의 극한 대조를 알아차렸을지도 모른다.

"암파로는 잘 지내는가?"

"예, 자기 어머니랑, 항상 그렇지요. 그 아이도 운이 없어요."

마지막 말을 꺼내는 것은 안톤에게는 매우 힘든 일이었고, 그의 말투는 기분이 상한 것처럼 들렸다. 노인은 방금 꺼내 든 담배에 불을 붙이고, 한동안 말이 없다가 베레모를 고쳐 쓰며 연민을 느끼듯 말을 이었다.

"그 아이 엄마가 빨리 낫기를 바란다고 전해 주게."

반쯤 열려진 창문 옆에 서 있는 소코로는 두 남자가 뿜어 대는 담배 연기 사이로 사라질 듯 보였다. 그곳에는 두 남자만이 존재하고 있었다. 그녀가 움직이면 안톤은 그녀를 바라보았다. 그리고 나서 노인의 질문 사이사이에 큰 숨을 쉬는 소리를 들으며, 그의 두 눈은 깜빡거리며 생각에 잠겼.

커피는 다 끓었고, 오렌지 색깔의 자개로 장식한 잔에 담겨졌다. 안톤은 커피의 마지막 방울까지 마시고, 기지개를 켠 뒤 작별 인사를 했다.

"다음에 또 뵙지요, 돈 프루덴시오."

"언제든지." 돈 프루덴시오는 양손을 재킷의 주머니에 집어넣었다.

소코로는 문을 닫기 위해 안톤의 뒤를 따랐다. 노인은 그의 등을 가볍게 두드리며 말을 이었다.

"요즘엔 문을 열어 두면 안 되네. 특히 아래층에는 금세 먼지가 들어와. 더운 공기도…."

"잘 있게. 소코로."

소코로는 안톤에게 무언가 대답하기 위해 입술을 조금 움직이려 했지만, 그녀의 등 뒤에서 문은 이내 닫혀 버렸다. 그리고 그녀도 위층으로 천천히 올라갔다. 조금만 덜 더웠더라도 안톤은 돈 프루덴시오와 매력적인 소코로 사이의 연이은 사건들을 생각해 볼 참이었다. 하지만 앞뜰에 나오자 태양이 그의 얼굴과 목에 내리쬐었고, 곧 등으로 흐를 땀에 대한 생각을 빼곤 모든 것이 머릿속에서 지워졌다.

의사는 강가에서 손을 씻고 있었다. 그 옆에서 페페도 무릎을 꿇고 손을 강바닥 모래로 문지르고 있었다.

"왜 마을 사람들이 돈 프루덴시오를 나쁜 눈으로만 보는지 혼자서 생각하곤 하는데 말이야."

"예, 좀 불친절하기는 하죠."

"왜?"

페페는 흐르는 물을 바라보며, 손에는 작은 걸레를 들고 생각에 잠겼다. 손을 말리며 설명했다.

"모르겠어요. 어떤 사람은 그가 갖고 있는 돈 때문이겠지만, 그보다 더 부자들도 있을 수 있잖아요. 아니면 그의 일생 동안 아무런 일을 하지 않아서인지도 모르죠."

"아무런 일도?"

"그 어떤 일도요."

"봐봐. 지금 나오네."

그는 발코니에 있었다. 그곳에서 그는 이들에게 건성으로 손 인사를 했고, 의사도 같은 방법으로 인사했다. 페페는 강바닥만 바라보았다.

"그는 마을 사람들에 대해 이리저리 물어보고, 모든 사람에게 인사를 하지만, 아무도 그를 보지는 못해요."

"그의 삶의 방식 때문인가?"

"그 아가씨? 아닐 겁니다. 누구든 능력만 있다면 그렇게 할 걸요."

"내 생각에는 이곳에서 누군가를 미워한다면, 항상 돈 프루덴시오를 기억하는 것 같아."

페페는 대답했다.

"예, 맞습니다."

페페는 셔츠 밑자락에 손을 닦고, 일어나며 계속 말을 이었다.

"여기서는 그를 이런 식으로 기억할 겁니다. 여기에선 보이는 대로 기억을 하죠. 최근 몇 년간 추수 시기가 다가오면,

그 양반에게 천 두로[3] 이상 빚을 지는 사람들이 생겨납니다."

"그거면 충분한 이유는 되겠네."

"전쟁 중에 아스투리아스 사람들이 내려왔을 때 바보같이 굴다가는 바로 총을 맞곤 했어요. 그때 그를 고발했어요."

"이곳 마을 사람들이?"

페페는 고개를 끄덕였다.

"모든 일이 정상으로 돌아왔을 때, 뭘 했는지 아세요? 그 사람들에게 보복했을 것이라 생각하세요? 이 모든 일을 누가 했을 거라고는 누구나 알고 있었거든요. 하지만 아무런 반응도 보이질 않았어요. 그래서 이제는 그를 더 싫어해요."

이 둘은 가게 쪽으로 걸어가고 있었다. 페페는 닫힌 창문을 마지막으로 쳐다보았다.

"그렇겠구먼. 이제는 더 싫어하겠구먼."

의사는 맞장구를 쳤다.

햇살은 조금 누그러져 있었다. 페페는 그날 오후에 다시 기차역에 가야만 했다.

"오늘 아침에 휘발유 한 드럼통을 가져왔어야 했는데, 여

---

[3] 두로: 공식적인 화폐 단위는 아니지만, 5페세타를 1두로라고 불렀다.

행객들이 반대해서 못 가져왔어요."

"여행객들이 많이 왔나?"

"그런 것이 아니라 겁이 나서 그런 겁니다. 냄새 때문이라 했지만 오는 길에 폭발이라도 할까 봐 겁이 나서 그런 거지요."

"지금 가려고?"

"예, 원하시면 같이 갈까요? 두 시간 정도면 돌아올 겁니다. 지금 뭐 할 게 있나요?"

이들은 빈 통 20여 개를 짐칸에 싣고 앞쪽에 탔다. 시동을 걸려고 크랭크축을 돌렸다.

"이 시골에서 지루하지 않으세요? 하루 종일 만나는 사람도 없고 말이에요. 보는 사람은 환자들뿐이고요. 저는 그렇게는 한 달도 못 살 겁니다."

브레이크를 밟으며 물었다. 차는 내리막길을 가고 있었다.

"이나저나 마찬가지야."

"모르겠어요. 선생님은 믿음이 있겠지만, 저는 이곳에서 가능한 한 빨리 떠날 겁니다."

"차 없이도?"

"이런 차 20대가 있더라도 마찬가집니다. 참! 이 일은 하고 싶은 사람이나 할 수 있어요. 여기서는 몇 푼만 모으면,

큰돈을 번 줄 알죠. 보시잖아요. 평생 동안 일만 하잖아요. 저는 돈을 번다면 즐길 겁니다. 이곳 사람들은 돈을 모으면 뭘 하는 줄 아세요? 일을 더 하려고 땅을 삽니다. 이렇게들 살아요."

"모두들 자네처럼 생각하면 누가 이곳에 남겠나?"

"그건 선생님 걱정입니다. 게다가 누구나 떠날 수는 없어요. 도시에 가족이 있거나, 돈이 있어야 하지요. 날이 가면 갈수록 더 힘들어집니다. 휘발유를 보세요. 1리터에 1두로예요."

"나는 모든 사람이 자기 고향을 그리워한다고 생각했는데."

"예전에는 그랬지요. 도시에 살고 있는 그 누구도 고향으로 돌아오려는 사람은 없어요."

"하지만 축제 때는 오잖아."

"그건 그래요. 모든 사람들이 비단 넥타이를 매고 새 옷 입고 와서, 한 이틀 실컷 먹으며 노는 것은 다들 좋아하지요. 하지만 이것은 달라요. 그건 단지 관광객처럼 잠시 으스대는 것이죠. 도시에서 결혼한 내 여동생도 축제 때에는 옵니다. 일 년에 한 번쯤은 가족과 모이는 것이 재미있지요."

마지막 산자락을 나오며 트럭은 넓고 깊어지는 강 옆의 드넓은 평지를 달렸다. 왼쪽 편으로 도로와 평행선을 그리는 철로가 멀리서 보였다. 지평선 멀리에는 짙은 구름이 걸쳐 있는 산들이 보였다. 도로 양쪽으로는 밤나무가 가지런히 심어져 있었다. 밭과 과수원들은 잘 가꾸어지고 풍성하게 보였다.

"보세요. 여기는 아주 달라요."

"그러게."

"이곳 땅의 1제곱미터는 우리 것보다 다섯 배나 비싸요."

"수확도 더 잘되겠지."

"그럼요. 거의 돌덩이가 없으니까요. 반대로 우리 땅은 강에서 백 미터나 떨어진 곳이라도 쟁기질을 하면 돌이 나오죠."

"쟁기질은 별로 안 했을 텐데."

페페는 차 앞쪽을 바라보았다.

"한 번도요. 할 말이 없네요. 이곳이 살기는 좋죠. 기계도 사용할 수 있고요."

"트랙터 말인가?"

페페는 갑자기 웃었다.

"그 정도는 아니고 밭 가는 기계 정도죠."

포도밭이 보였다. 땅은 붉은빛이었다. 조그마한 기차 한 대가 뒤로 처졌다.

"어디서 오는 기차지?"

"빌바오요. 바스크[4] 지방이죠."

기차의 목적지는 좋은 마을이었다. 새로 지은 교회, 법원, 무도회장 두 곳, 선술집, 약국이 있었다. 기차역 부근에서 둘은 내렸고, 선술집에서 멜빵바지를 입은 한 남자가 페페와 의사에게 인사했다.

"이곳에도 의사가 있지만 나이가 많이 들었죠."

빈 통을 내리고, 멜빵바지 남자가 굴려 가져온 드럼통에서 휘발유를 채우기 시작했다. 이 남자는 페페에게 큰 통을 가져오질 않아 매주 채워야 한다고 불평했다.

"이 낡은 차는 팔아 버리고 새 트럭을 사는 것이 날 걸세!"

"그러면 여행객들은 어쩌고?"

"트럭 짐칸에 벤치 몇 개를 더 설치하는 게 그렇게 힘드나? 승객 운송만 하는 것이 두 배는 더 벌 걸세."

휘발유를 다 채운 후에는 잡담할 요량으로 선술집 안으로 들어가서 백포도주를 한 잔씩 시키고, 의사에게도 한 잔을 건넸다. 아늑한 술집이었다. 세 잔 정도씩을 마시고 나니 시간은 재빨리 흘러갔다. 페페는 시계를 보았다.

"가는 길에 어두워지겠네. 트럭 배터리가 좋지를 않아. 우리 갈게."

---

4) 바스크: 스페인 북부 지방.

멜빵바지 남자는 알았다는 듯 일어나 의사에게 악수를 청하며, 덧붙였다.

"언제든지 오세요."

돌아가는 길은 더 천천히 가야만 했다. 모터는 엔진 룸에서 불이라도 날 것처럼 요동을 쳤고, 담배도 피우지 못했기 때문에 시간은 더 길게만 느껴졌다. 포도는 검붉은 빛깔이었고, 고갯길에 접어들자 멀리서 산들이 보이기 시작했다.

좁은 길에 들어서서 페페는 라이트를 켰다.

"산속은 금방 어두워져요."

길은 더 좁다란 길로 이어졌다. 조금 넓은 길로 나왔을 때 한 무리 양떼가 라이트에 비치었고, 목동은 지팡이로 이들에게 사인을 보냈다.

"아구스틴이네요."

"누구라고?"

"아구스틴요."

그들 위로 별 하나가 지나갔다. 길은 오르막길로 접어들었다.

"다행입니다. 제 시간에 겨우 도착하겠네요."

그들은 다시 집에 도착했다. 선술집 불빛 아래 트럭을 주차했고 휘발유 통은 벽면에 쌓았다.

* * *

암파로는 그녀의 어머니를 향해 얼굴을 돌렸다.

"왜 다른 사람의 일에 참견하는 건가요? 가만히 계시라고 해요. 그럴 이유가 있나요?"

"단지 내가 빨리 낫기를 원한다고 하잖니."

어머니는 말을 이었다.

"나는 그 노인네의 이야기를 듣는 것조차 싫어요. 그 가엾은 아이랑 뭘 하는지 생각해 보는 것이 낫지 않겠어요?"

"누구? 소코로 말이냐!"

"그럼 누구겠어요?"

안톤은 이제는 중재를 해야겠다고 느끼며 잠시 생각했다. 하지만 말을 하기도 전에 암파로 어머니의 말소리가 들려왔다.

"네가 뭘 안다고 그러니?"

"내가 뭘 아느냐고요? 어머니는 뭘 아세요? 침대에서만 지내는 시간이 얼마나 되는지 아세요? 일어나서 밖으로 나가서 내가 보는 것이 아니라 다른 사람이 보는 것을 보세요."

안톤이 끼어들었다.

"다른 사람은 뭘 보는데?"

"남자들이란 다 멍청해요! 아저씨는 제일 바보 같고요!

모두 그 노인네 이야기를 하고 뒤에서는 뒷담화만 늘어놓고는, 그 노인네 집에 가서는 한두 마디하고 담배 한 대 피우면서 알랑거리기만 하고, 그게 다잖아요! 마치 그 노인네에게 인생의 빚이라도 진 것처럼 말이에요!"

일장 연설은 끝난 듯했다. 이미 어두워져 있는 창문으로 다가가서 가만히 서 있었다.

어머니는 그녀에게 침대에서 물었다.

"양들이 오고 있니?"

하지만 아무런 대답이 없었다. 암파로의 어머니는 불안해졌다.

"제발 아무 일이 없기를!"

방에서는 한숨 소리가 들렸다. 밖에는 어둠이 재빨리 찾아왔다.

"내가 이곳 서기였다면 그를 우리 마을에서 내쫓았을 텐데. 그렇게 했을 거야. 불쌍한 소코로!"

방에서는 침대 스프링에서 삐걱거리는 소리가 났지만, 암파로의 어머니는 아무 말도 하지 않았다. 안톤이 말을 이었다.

"하지만 저 아이가 불평만 하지 않는다면…."

"불평할 날이 올 겁니다."

돈을 꺼내 자신의 할당액을 지불했다. 작은 지폐 한 줌을 탁자에서 세기 시작했고, 안톤은 황급히 돈을 받았다. 돈을 다 세고 나서 안톤은 집을 나왔다. 더는 있을 이유가 없었고, 다음 집으로 빨리 가서 돈을 받지 못하면 다음 날 낮잠을 잘 수 없기 때문이다. 등불로 앞을 밝혀 주려는 암파로 앞에서 발판에 걸려 넘어질 뻔했다.

"잠깐만 기다려 보세요. 어둡잖아요."

"아니다, 보인다, 보여. 달이 아주 밝잖아."

안톤은 어둠 속으로 사라져 버렸다가 이내 다시 와서 유리 창문을 두드리고 있었다.

"무슨 일인가?"

"양들이 지나가요?"

암파로의 어머니가 대답했다.

"고마워요, 안톤 씨."

다시금 침대 속의 스프링 소리와 함께 고맙다는 말소리가 들려왔다.

암파로도 고맙다는 인사를 건네고, 창문을 닫았다.

"암파로…."

"왜요?"

"새끼 양들을 잘 가두어 두고, 그 양 찾는 것 잊지 마라."

"무슨 양요?"

"매일 밤 아마도르네 우리로 도망가는 양 말이야."

"알았어요. 이제 가요."

방으로 들어가서, 어깨까지 덮인 담요를 치웠다. 등불 아래로 침대에 누워 있는 어머니의 얇고 흰 팔이 보였다.

"암파로…."

"왜요?"

"왜 그러고 있니?"

"내가 어떻게 하고 있는데요?"

"다른 사람들이 하는 일이 너에게 그리 중요하니? 너 혼자서 아무리 흥분해 봐야 도움이 안 되는 것 모르겠니?"

"나 혼자서 열 받게 내버려 둬요! 어머니처럼 가만히 있을 수가 없어요. 수심이 가득한 얼굴로 발코니에 서 있는 걸 보면, 게다가 그 뒤에 그 노인네가 서 있는 걸 보면 속에서 무언가 올라와서 아무런 생각을 하지 못해요. 밖에서는 조용할 수 있지만, 내 일과 상관없더라도 내 집에서는 내가 하고 싶은 말은 해야겠어요. 이 문에 들어오는 샛별이라도 들어야 해요."

"조용히 해라, 조용히."

"우리 집에 오기만 한다면, 그 노인네가 평생 듣지 못한 소리를 들을 겁니다."

"아무도 그런 소리를 안 해. 왜 네가 그 짐을 지려고 하니?"

"아무도 그런 말을 못하는 줄은 알고 있어요. 왜 그런지 알아요? 모든 남자는 그 노인네같이 창피한 줄을 몰라요."

문을 닫았다. 집은 조용해졌다. 단지 화덕에서 새어 나는 불빛만이 부엌을 밝히고 있었다. 저쪽 방에서는 가끔 삐걱거리는 소리만 들렸고, 암파로 어머니가 기도를 드리는 것을 짐작하게 하는 속삭이는 소리만 들렸다.

* * *

집들 뒤쪽에 있는 산에서 한 줄기 희미한 빛이 나타났다. 별들을 지워 버리며 하늘이 환해지기 시작했고, 금작화와 개작나무의 그림자를 선명하게 만들어 내는 달빛이 하늘에 떠올랐다. 별들은 불에 타고 남은 재처럼 검은 빛깔을 띠고 있었다. 달은 높이 올라갈수록 더 작아졌고, 이제는 멈추어 있었다.

알프레도의 딸은 달을 바라보다가 아버지에게 말했다.

"오늘 밤은 아주 밝아요."

알프레도는 그물을 잠시 놓고 창문으로 하늘을 보았다.

"조금만 어두워졌으면, 조금만이라도 말이야."

이 말을 되풀이했다. 그의 말에는 그의 모든 소원이 담겨 있었다.

부엌에서 연기와 냄새를 풍기며 생선을 튀기고 있던 작은 딸이 한마디를 건넸다.

"나는 아버지에게 한마디도 안 할 겁니다. 결국에는 아버지가 원하는 대로 하시고 말 테니까요. 산악 경비원이 한참 동안 산 쪽에는 오질 않았어요. 오늘 밤에는 아버지를 잡을 거예요. 이제는 조심하세요."

알프레도는 대꾸하지 않고, 그물을 손질하고 있다가 가끔 달을 바라보았다.

"구름이 끼겠네."

"몇 월이에요?"

"8월이지."

"작년 8월은 어땠지?"

작은 딸은 프라이팬에서 눈을 떼고 대답했다.

"비가 왔어요."

그러고는 계속 생선을 튀기고 있었다.

"봐라. 구름이 끼기 시작한다. 조금만 있으면 어두워지겠다."

그물을 담은 바구니를 등에 메고, 재킷을 입고 손에는 등불을 들고는 밖으로 나갔다. 순간 불어오는 바람이 불꽃을 흩날렸다.

"몇 시에 돌아오실 건가요? 높이 오를 건가요?"

"아니다."

"높이 가지 마세요."

"알았다니까!"

"새벽의 물 온도를 보시고, 물에 들어가세요. 겁도 안 나세요?"

"겨울이 더 차갑지."

"그물을 잃어버린다면, 찾으려 하지 마세요."

남자의 뒷모습은 등불을 손에 든 소녀를 홀로 두고 어둠 속으로 사라져 버렸다. 그림자는 앞마당에 길게 드리워졌다. 달을 가렸던 구름이 사라지고 나니 마을, 산, 강들이 제 모습을 나타냈다.

강물은 미로 같은 작은 바위들 사이를 지나 노랫소리가 점점 커지듯이 불어났다. 이내 잔잔해진 강물은 무성한 갈대밭에 도착해 빛을 내는 작은 물거품을 만들어 내기 시작했다. 알프레도는 자기 뒤에 있는 딸의 인기척을 느꼈다.

"보세요. 강물이 불었어요. 돌아가세요."

등불을 끄며 소리를 쳤다.

'산꼭대기에는 많은 비가 왔겠지'라고 생각하며, 흙탕물이 된 강물을 남자는 쳐다보았다.

"산골짜기에는 폭풍이 몰아쳤을 테고, 오늘 밤에는 이곳에 비가 올 것 같아요. 제발! 그냥 돌아가세요. 밤새 허탕만 칠 거예요."

"너희들은 잠이나 자러 가거라."

강물을 헤치고 걷기 시작했다. 아직 뒤쪽으로는 강물 흐르는 소리와 함께 웅성대는 소리가 들렸다. "조심하세요!" 이제는 완전히 검은 구름으로 뒤덮였다.

* * *

산악 경비원은 자전거를 멈추고, 발전기 버튼을 누르며 자전거 등을 껐다. 그러고 나서 다시 페달을 밟아 마을 안으로 들어갔다. 한쪽에선 자갈이 밟히는 소리를 들은 개들이 놀라서 짖어 댔고, 이 소리에 마놀로는 가게에서 나왔다.

카빈총을 비스듬히 멘 그림자를 알아보고, 아내에게 대답했다.

"경비원이야."

아내는 왼쪽 팔에 아기를 안고 재우고 있었고, 다른 팔로는 컵들을 닦고 있었다.

"이 시간에 뭘 하러 다니는 건가요?"

"강 쪽에서 오고 있는 것 모르겠어? 그가 뭘 하기를 바라는데?"

"비가 올 텐데."

"확실해. 페페는 어디 있지?"

"조금 전에 자러 간다고 했어요. 적어도 나한테는 그렇게 말했어요."

마놀로는 창고에 들어가서, 문 뒤에 있는 그물, 자루그물, 미끼 그리고 페페의 바구니를 보았다. 돌아왔을 때 경비원은 아니스[5] 술을 마시며 한마디 건넸다.

"누군가가 책임을 져야 할 거야."

마놀로는 무슨 일이냐고 물었다. 마놀로는 그에게 대답하기 전에 경비원이 기분이 상한 상태임을 알아챘다.

"이 마을에는 가끔 오지만, 사람들이 나를 바보 취급을 한다니까! 바로 어젯밤에 누군가가 다리 밑에서 산탄을 쏴서 작은 물고기들을 모두 죽여 버렸어."

"여기서는 아무 소리도 못 들었는데."

경비원은 손에 술잔을 쥐고, 만지작거리고 있었다.

"혹 그전에 쏘았는지도 모르지. 어쨌든 다 총에 맞았다고. 어느 놈인지 다른 사람에게 피해만 주고 다닌다면…."

메고 있던 카빈총을 다리 사이에 놓으며 의자에 다시 앉았다. 갑자기 페페는 어디 있느냐고 물었다.

"침대에 있는데."

---

5) 아니스: 회향으로 만든 술로, 주로 식사 후에 마신다.

"올해에 얼마나 많은 고발장이 산악 경비대에 접수된 줄 아나?"

마놀로는 창고에 와인을 가지러 가면서 문을 열어 두어 경비원은 계속 떠들 수 있었다.

"어떻게 이렇게 일찍 잠을 자지?"

"누구 말인가?"

큰 숨과 함께 너털웃음을 터뜨렸다.

"자네 동생 말이야. 누구겠어?"

"내일 일찍 일어나야 하거든. 첫 운행이 여덟 시야."

적막이 잠시 흘렀다. 경비원은 계속 지껄여 댔다. "어느 놈인지 나쁜 놈이야!" 아기가 울어 대기 시작했다. 엄마는 아이를 재우려 흔들며 위층으로 올라갔다. 한동안 울음소리가 들려왔다. 마놀로는 계산대에 엎드려 졸음을 이겨 내고 있었다. 조금 후에 경비원은 가게를 떠났다.

마놀로는 가게 문 앞에서 하품을 하며 서 있었다. 더 늦게까지 가게 문을 열어 두어야 한다. 왜냐하면 밤 장사가 낮보다 더 잘되기 때문이다. 그의 아내가 피곤하다 하면 자기가 가게를 지켜야 한다. 잠에서 깨어나려 부엌으로 가서 커피를 만들 때 아내가 내려왔다.

"잠 안 자?"

"아니, 누가 왔어요?"

"아무도 오지 않았어."

"누가 총을 쏜 것에 대해 책임을 져야 한대요?"

"오늘 밤에 잡히는 사람이겠지. 알프레도가 있을 수 있는데."

"그렇겠네요."

"알려 줄 방법이 없을까요?"

"페페를 깨워. 혹시 원할 수도 있으니까."

"싫어할 거예요."

"오늘 밤에는 안 갔으면 좋으련만!"

다시 탁자에 엎드렸다. 알프레도를 생각했다. 아내는 층계에 앉아서 꾸벅꾸벅 졸고 있었다. 머리가 심하게 흔들릴 때면 놀라 깨기도 했다. 눈을 뜨며 등잔을 붙일 성냥을 꺼내고는 물었다.

"당신에게 페페가 경비원들을 보았다고 말했나요?"

"아무 말도 하지 않았어."

"물어보았나요?"

마놀로는 대답했다.

"기억이 없는데."

마놀로는 조금 후에 잠이 들었다. 아내는 일어나 창문 쪽으로 가서 커튼을 젖히고 밖을 바라보았다. 경비원은 마을 밖으로 나가며 자전거 위에서 강물을 조심스레 쳐다보았다.

달은 구름 속으로 들어가 그곳에서 다시는 밖으로 나오지 않았다. 아내는 문 밖으로 나왔다. 세찬 바람이 빗방울과 산에서 흩날리던 개작나무들의 속삭임을 그녀의 얼굴까지 가져왔다. 경비원은 자신의 발자국 소리와 자전거 바퀴 아래 자갈 소리를 들으며 멀어져 가고 있었다.

* * *

길의 위쪽으로는 보이질 않았다. 알프레도는 재킷과 바구니를 강 옆에 두고 낮은 경사면 모래 쪽으로 강에 들어가 그물을 쥐고 있었다. 점점 안쪽으로 들어가자 강물은 무릎에서 배를 넘어 가슴까지 차올랐다. 천둥소리로 귀가 먹먹해졌다. 한 발자국을 나가기 위해 강바닥을 더듬었다. 차가운 강물이 그의 몸을 조이고 있었다. 물이 어깨까지 올라와 더는 앞으로 갈 수 없을 때 어둠을 향해 그물을 던졌다. 그리고 바닥으로 떨어지는 소리를 들었다. 그러고는 자신의 뒤쪽으로 그물을 끌며 뒷걸음치고 있었다.

물고기들을 잡아서 바구니에 넣는 동안 옷에 밴 찬 기운 때문에 기침을 했다. 대답처럼 도로 쪽에서 경비원의 희미한 목소리가 들려왔다.

"누구요?"

카빈총을 장전하는 소리가 들렸다. 다시 한 번 물었지만 총을 맞을지 모른다는 두려움에 움직이지 않았다. 기다릴 수밖에 없기에 가만히 서 있기만 했다. 자수를 할까 하다가 자기에게 떨어질 벌금을 생각했다. 또한 자신을 기다리며 등불을 켜 놓고 탁자에서 잠이 든 딸들을 생각했다. 구름이 걷힌다면 달빛은 자신을 비출 것이라고 추측하고 있었다. 도망치려 했으나 두려움이 그를 막았다. 그물과 바구니를 잃어버리더라도 도망치고 싶었으나, 방아쇠 잠금 푸는 소리에 움직이지 못했다. 그 남자나 자신을 위협하는 목소리가 두려운 것이 아니라 어둠 속에서 자신을 정탐하고 있는 무기의 눈이 두려운 것이다. 고독과 강물 소리가 그를 두려움에 떨게 했다. 총에 맞아 아무런 대책도 없이 강물에 쓸려 가는 생각을 했다.

잠시 후 달이 나타났다. 도로에서 폭발음이 두 번 들렸다. 머리 옆에서 획 하는 소리와 다리 밑 바위에 무언가 심하게 부딪히는 충격음을 들었다. 동시에 다리에 굉장한 고통이 그를 마비시켰다.

지금은 가만히 지탱하는 것이 더욱더 힘들어졌고, 상처를 만져 보려는 마음을 이기지 못했다. 총알에 맞았을 때 작은 신음 소리는 어쩔 수가 없었다. 경비원은 그 소리를 못 들었는지 아니면 내려와 보려는 용기가 없었는지 내려오질 않앉고, 강 건너편에 서서 아무도 없다고 생각하는 듯했다. 하늘에는 다시 구름이 끼었고, 자전거 바퀴 보호대에 달린 조명은 점차 멀어져 보이질 않았다.

몇 분 후에는 달이 다시 나왔다가 구름이 끼기를 새벽까지 되풀이했다. 등심초 사이에 누워 빠르게 지나는 구름을 보고 있었다. 알프레도는 베레모로 지혈을 하기 위해 바지를 걷어 올렸다. 다리에서 나온 피로 물은 붉게 물들었고, 다리에서 떨어지는 핏방울이 강물에 재빨리 퍼져 가는 것이 다리에서 느껴지는 통증보다 더 강렬해 고통을 잊게 했다. 피 냄새는 생선 냄새처럼 느껴졌다. 온몸에 전율을 느꼈다. 옷을 입은 채로 있으면 열이 오를 거라 생각하고, 셔츠를 벗었다. 하지만 다리 통증과 심한 기침으로 인해 맥이 빠져 땅바닥에 누워 버렸다. 큰 소리를 내지 않으려 애를 쓰며 조용히 소리를 쳤다.

도로변 쪽에서 말발굽 소리가 들렸다. 알프레도는 자리에 겨우 앉아 다시 불렀다. 이제는 말을 탄 사람들이 물었다.

"그쪽에 누가 있소?"

하지만 대답을 하지 못했다. 다리 주변에 심한 열기를 느끼며 기절했다.

한 남자가 조심스레 말에서 내려 성냥 하나를 피웠다. 다른 남자에게 물었다.

"죽었나?"

불빛을 보고 있던 얼굴의 입술은 대답을 하려 조금 열렸다.

"한참을 여기에 있었나 봐?"

그물을 걷어 올려 자기 말에 걸쳤다.

"이 피 좀 봐!"

성냥을 켰던 남자는 다리 상처를 보려고 바지를 내리고, 자기 동료를 불렀다.

"이것 보았나?"

* * *

의사는 알프레도를 치료하고, 페페는 알프레도의 딸들을 안심시키려 그의 집으로 향했다. 모두 경비원이 한 짓을 비난하고 있다. 이후 알프레도는 걱정에 사로잡힌 두 딸의 부축을 받으며 그들의 집으로 갔다.

* * *

노처녀인 필라르는 그녀의 식모와 아침 식사를 하며 어젯밤 총소리에 대해 이야기를 나눈다. 식모는 불면증을 호소하는 필라르에게 어젯밤 총소리를 못 들은 것이 이상하다고 한다. 또한 식모는 지루한 시골 삶에 투정을 부린다.

* * *

가게 앞에서 마놀로가 외지인을 처음 보았다. 검은색 재킷과 낡은 바지를 입고 있었다. 하지만 가장 눈길을 끈 것은 그의 구두였다. 마놀로는 누가 그의 뒤를 따르는지 한번 둘러보았고, 그의 눈은 찢어지고 더럽혀진 검은 구두에 머물렀다.

하지만 외지인은 마놀로를 보지 못했다. 혹 보지 못한 척했을지도 모른다. 마을 입구에 서서 다리 난간에 기대어 강을 바라보았다. 구두처럼 낡은 검은색 가방을 들고 있었다. 그러곤 다리 사이에 가방을 끼웠다.

안톤은 그곳을 지나며 그를 관찰하고 있었다. 외지인이 안톤을 향해 돌아보았다.

"이 강에 숭어가 있나요?"

"뭐 약간 있어요."

가방을 손에 들고 몇 걸음을 가다가 잠시 생각에 잠겨 다시 강을 바라보았다. 목에 흐르는 땀을 닦았다.

"이곳은 얼마나 깊은가요?"

안톤은 눈으로 깊이를 재기라도 하듯 난간 쪽으로 갔다.

"2, 3미터는 될 겁니다. 더 깊을 수도 있지요. 한 4미터 정도."

이제는 외지인과 가까이 있어서, 그의 취향대로 외지인을 관찰할 수가 있었다. 햇빛에 그을려 붉어지고 통통한 얼굴이며, 안경테 때문에 생겨난 하얀 자국이 선명하게 보였다.

"어디가 이장님 댁인가요?"

안톤은 이 마을에 오게 된 이유를 묻듯이 외지인의 얼굴을 바라보며 기다렸다. 그러나 아무런 대답이 없자 그에게 물어보기로 결심했다.

"아랫마을에서 왔나요?"

"예."

너무나 더운 날씨 탓에 두 어깨 사이 등에는 땀이 흘러내렸다. 안톤은 몰려오는 졸음을 참으려 애를 쓰고 있었다.

"어디지요?"

외지인은 움직이지 않고, 간단히 근처 마을 이름 하나를 둘러댔다. 그의 목소리는 더 이상의 질문을 피하려는 것이었다.

"그곳이 마지막으로 머무른 마을인가요?"

"그렇습니다."

그는 안톤의 뒤를 따라 다리를 천천히 건넜다. 안톤은 목 주변에 흥건히 흐르는 땀을 닦아 냈다.

"이 마을에는 몇 가구가 사나요?"

"12가구가 살고 있습니다."

"12가구요? 마을 사람은 몇인가요?"

"60명이나 70여 명 됩니다."

"아이와 여자들도 합쳐서요?"

"그렇습니다. 집들을 세기만 하면 되지요. 한 집에 한 가족씩 말입니다."

외지인은 점점 멀어져 갔고, 안톤은 신발 속에 눌린 그의 발을 보며 생각에 잠겼다. 모자챙을 눈앞으로 끌어당기고, 마놀로 가게 그늘로 갔다.

"누구일까?"

"장사꾼이겠지."

"나처럼."

"그와 얘기하지 않았나?"

"이장 집을 물어보았어."

"그러면 이장이 무엇 때문에 왔는지 아시겠군. 아마도르 이장이 그를 알까?"

"왜 차를 타고 오지 않았을까? 그 구두에 요상한 것이 있는 것 같아."

"그러게 말이야. 이 시기에 안 맞는 구두야. 돈 쓰기가 싫은 거야."

"아이고, 덥네."

"그러게, 더운 날이야."

검고 호리호리한 형상은 돈 프루덴시오 집 쪽으로 사라졌다. 두 남자는 아무 말 없이 가게 안으로 들어갔다. 마놀로 부인은 누구냐고 묻고는, 의사 방 창문이 열렸는지 보러 밖으로 나갔다. 마놀로는 그녀에게 물었다.

"아직 주무시나?"

그녀는 고개를 흔들며 그렇다고 했다.

"의사 선생을 깨워야겠어요."

의사는 깨어나서 옷을 입으며 마놀로 부인이 자기를 부르는 소리를 들었다.

"일어나셨나요?"

"예, 갑니다. 고맙습니다."

"제가 깨우려고 했어요."

창문을 열었을 때 파리들이 그의 주변에서 날고 있었고, 그는 파리들을 다른 쪽으로 몰아냈다. 파리들을 증오했다. 단지 위생 때문이 아니라 그를 귀찮게 하는 파리들의 본능이 싫었다. 정신이 들자 점점 식사 전에 아마도르 집을 방문해야 한다는 것이 생각났다.

부엌으로 가서 늦기는 했지만 아침 식사를 부탁했다. 아직은 식욕이 전혀 느껴지지 않았지만, 보통의 하루를 시작하고, 하루 일과를 생각하기 위해 식사했다.

안톤은 밖에서 그에게 인사했고, 그도 즐겁게 인사를 건넸다. 안톤은 눈인사로 답례하고 마놀로와 계속 이야기를 나누었다. 마놀로의 부인은 커피를 가져와 그에게 놓았다. 그리고 알프레도의 집을 찾을 것인지 물어보았다.

"만약 시간이 나면요."

"그의 다리가 어떻게 될까요?"

"상처만 남을 겁니다."

부인은 안도하는 듯했다.

"선생님께 얼마나 고마워하는지 모를 겁니다! 지금 나가실 건가요?"

"지금은 아니고, 아마도르의 아들을 먼저 볼 겁니다."

"이 더위에요?"

"그렇게 덥지는 않아요."

"덥지 않다고요? 여기서는 그 누구도 이 더위에 그런 일로는 외출을 하지 않을 겁니다."

마놀로와 안톤이 들어왔다. 이장 비서인 안톤이 높은 탁자에 기대어 있고, 마놀로는 그에게 백포도주를 내주려 안쪽으로 들어갔다.

안톤이 말했다.

"그 아이는 오랫동안 병이 있었어. 여기에 온 모든 의사가 그를 진찰했지만 그 누구도 그 아이의 병을 진단하지 못했지."

"의사들이 그 아이를 온천에 보내기도 했지만, 한참 동안 침대에서 일어나지도 못했지. 그 아이 때문에 쓴 돈이 얼만지 아나!"

"그 아이 아버지도 불쌍하지!"

마놀로의 부인이 맞장구를 쳤다.

의사가 돈 프루덴시오 집을 지나고 있을 때 나무에 물을 주고 있던 돈 프루덴시오는 의사를 불렀다.

"의사 선생!"

의사는 멈추었다.

"바쁘신가?"

"왜 그러시지요?"

돈 프루덴시오는 그의 짧은 팔을 흔들며 소리쳤다.

"잠깐 들를 수 있으신가?"

불쾌한 냄새를 풍기는 안마당을 지나 뜰 쪽으로 향했다. 셔츠를 걷어 올린 돈 프루덴시오는 양동이에 물을 채우며 펌프 옆에 서 있었다. 양동이를 양상추 모판 옆에 두고 머쓱한 웃음을 지으며 의사에게 다가갔다.

"싱싱한 샐러드가 먹고 싶으면 언제든지 말하시오. 요즘 날씨에는 싱싱한 샐러드만큼 좋은 것이 없지 않소."

뜰을 가리키며 의사에게 말을 건넸다.

의사는 겨우 고맙다는 인사를 했다. 더운 날씨에 길을 가는데 예의 없이 자신을 부르고 하찮은 애기만을 건네는 데 화가 났지만, 돈 프루덴시오는 그의 찌푸린 미간을 보지 못했다. 그리고 계속 말을 이었다.

"이 시간에 물을 주어야 하네. 아니면 다 말라 죽지. 조금이라도 양상추가 없으면 식사를 할 수 없다네. 의사 선생은 그렇지 않나?"

어떻게 대답해야 할지 몰랐다.

"아니요."

양배추 사이를 이리저리 피하며, 돈 프루덴시오는 의사의 등을 툭툭 쳐 가며 집으로 향했다.

"자주 안 보이네."

조금은 비아냥거리듯 질문을 던졌다.

"이 마을을 포함해서 세 마을을 더 보고 있습니다."

"어제 소코로가 몸이 안 좋아서, 진찰을 받으라고 보냈는데…."

"제가 없었지요?"

"그러게 말일세."

의사는 혼잣말로 왜 이렇게 다그치는지 묻고 있었다. 소코로의 병은 다 나았을 것이고, 아니더라도 다음 날 언제든지 진찰할 수 있는 병이라고 생각했다. 노인은 그녀를 불렀다.

"지금 진찰할 수 있겠나?"

"지금요?"

"들어오게."

조금은 억지스럽게 집으로 안내했고, 의사는 그냥 따라 들어갔다. 분명히 이 노인은 이 마을 사람들에게 명령하는 데 익숙해 있거나, 마을 사람들이 순종하는 데 익숙해 있음이 틀림없다. 하지만, 의사는 마을 사람의 일원도 아니고 이 노인에게 아무런 빚도 지지 않았다.

이들이 부엌으로 들어가고 나서, 소코로가 내려왔다. 돈 프루덴시오는 조금 후에 뜰에 가 봐야 한다고 나가 버렸다. 소코로에게 진찰을 위해 탈의를 해야 한다고 말하자 망설임 없이 천천히 옷을 벗었다. 부끄러움과 냉정 사이를 오가며 의사 앞에 꼼짝 않고 앉아 있었다. 진찰을 하기 시작했다. 그녀의 몸은 부드러웠고, 건강한 구릿빛 피부였다. 얇고 푸른 핏줄도 보였다. 의사는 자신의 일에 몰두하려고 온 힘을 쏟고 있는데도 돈 프루덴시오의 시선이 느껴졌다.

"무슨 일이 있었나?"

"빈혈이…."

"밥은 잘 먹나?"

"예."

"조금 마른 편이네."

"밥 생각이 별로 없어요."

"일이 많나?"

어깨를 위로 움츠렸다.

"보통이에요."

"좀 쉬는 게 좋겠어."

계속 질문을 던졌지만 의미를 잃은 것들뿐이었고, 그의 머리에는 그녀의 부드러운 피부 결만이 자리를 잡고 있었다. 맥박을 쟀다. 그는 피의 흐름을 느꼈고, 뜰에서는 펌프 소리가 들려왔다. 촉감과 청각이 뒤엉켜 그를 더욱 혼란에 빠지게 했다.

"조금 더 먹도록 노력해."

목소리는 나이 들고 친절한 의사들을 따라 하듯 천천히 다시 물었다.

"이곳 출신인가?"

"아니요."

"그러면 이 부근 다른 마을?"

"예."

그에게 마을 이름을 말했지만, 그가 모르는 곳이었다.

체온계를 꺼냈다. 그것은 좋은 술책이었다. 몇 분 동안은 말할 필요가 없었다. 가끔씩 밖에서 나는 양동이를 채우는 소리와 펌프질 소리는 돈 프루덴시오가 밖에 있다는 신호였다. 어두운 방 안에서 의사는 생각에 잠겼다. 점잖고 지성이 있는 의사 역할을 해야 하는 자신이 원망스러웠다. 마놀로, 페페, 안톤 모두 그와 똑같은 생각을 했을 것이다. 그는 그녀에게 다른 사람의 손길이 자신의 것과 똑같은지 물어보고 싶었다.

그는 체온계를 보았다.

"열은 없네."

그녀는 옷을 입고 있고, 의사는 손에 들고 있던 체온계가 깨질까 봐 두려워 가방에 넣었다. 모든 욕망과 심적 동요의 결과물처럼 그의 머릿속 저 끝에서 여러 가지 생각이 줄지어 떠올랐다. '모든 것이 지나가겠지'라고 생각했다.

"진찰은 했소?"

일찍 가려 하는 의사에게는 일종의 훈계처럼 들렸다.

"소코로에게 주사 처방전을 주었습니다. 페페가 내일 주사약을 가져올 겁니다. 약간의 영양실조가 있습니다."

"영양실조?"

그녀는 조용히 이들을 바라보았다.

"잘 먹어야 합니다."

이것은 일종의 복수였다. 그리고 다시 되풀이해 말을 이었다.

"좀 더 잘 먹어야 합니다."

"하지만 원하는 대로 먹고 있을 텐데."

돈 프루덴시오는 소코로를 쳐다보고 그다음 의사를 쳐다보았다. 그리고 다시 말을 이었다.

"그럼 누가 주사를 놓는가?"

의사는 다시 방문하리라 마음먹고, 돈 프루덴시오가 이것을 짐작하도록 했다.

"이곳에는 주사를 놓을 줄 아는 사람이 없는데 말이야."

"페페에게 주문하셔요. 그럼 그가 그날 주사기를 가져올 겁니다."

아마도르는 외지인과 이야기를 하고 있었다. 하지만 의사를 보자 외지인에게 잠시 기다리라고 했고, 외지인은 알았다고 했다. 아마도르의 얼굴은 약간 찡그려져 있었다. 외지인에게 악수를 하고 둘은 집으로 들어갔다. 방은 위층에 있었다. 침대에서 얼굴이 창백한 한 소년이 불안한 듯 이들을 바라보았다. 친절하게 대하려는 아버지와는 달리 소년의 눈에는 어딘지 모르는 불신이 있었다.

"얼마나 침대에 있었나요?"

"거의 4년입니다."

"전문의에게 진찰을 받아 보았나요?"

"작년에 예전 의사인 훌리안 선생님이 다른 의사를 소개해 주었지만, 별 효과는 없었습니다."

소년은 침대에서 일어나 자리에 앉았다. 하지만 어둠 속에 있는 사체와 같았다. 의사는 지난번 진찰 때와 같이, 할 수 있는 말이 없었다. 게다가 방 한구석 어딘가에서 소년을 지켜볼 어느 한 사람에 대한 생각을 떨쳐 버릴 수가 없었다. 그의 어머니를 생각했다.

"엄마는 어디 있지요?"

"죽었습니다."

그날은 더는 진찰할 수가 없었다. 진정하려고 무진 애를 썼다. 창문에 기대어 지금까지의 모든 뒤엉킨 일들을 더운 날씨 탓으로 돌렸다. 강 건너편에서 개 한 마리가 계속 짖어댔다. 소년의 땀을 닦아 주며 무언가 이야기하려고 노력하며, 얼굴도 친근감 있게 토닥거려 주었다. 더위와 어둠 사이에서 몇 분 후에 전문의와 치료에 든 비용에 대해 이야기하는 이장의 목소리가 들려왔다.

이들이 내려오는 것을 본 외지인은 이들 앞에 서 있었다.

이장은 외지인에게 말을 건넸다.

"당신이 하고 싶은 대로 하세요. 나는 당신을 전폭적으로 지지할 테니까요."

외지인은 가방을 닫고 안경을 고쳐 썼다.
"고맙습니다. 저는 이곳에 대리인을 둘 생각입니다."
"그것은 아주 힘들 겁니다."
"왜지요?"
"그럼, 그렇게 하세요."

네 시쯤에 마을 사람 모두 낮잠을 자고 있는 동안 암파로의 집에서 방 하나를 빌린 외지인은 암파로와 이야기를 하고 있었다. 소매로 탁자를 닦아 내고 서류 한 다발을 가방에서 꺼냈다.
"당신은 우리에게 돈을 맡기고, 우리는 그 돈을 보관합니다."
"나는 어디에 돈을 두어야 하는지 알고 있어요."
"하지만 우리는 4퍼센트의 이자를 줍니다. 일 년에 4퍼센트가 수익이 됩니다. 우리에게 돈을 맡긴 사람들에게 우리가 이자를 지불하는 거지요."
서류 하나를 내밀며 이렇게 말했다.
"한데 나는 돈이 없어요."
"누구나 조금의 쌈짓돈은 있어요."
이 남자는 하도 몸짓을 많이 해서 그의 주변에 파리들이 날아다녔다. 자기를 표현할 때마다 '우리'라는 표현을 썼다.

옆방에서 그녀의 어머니의 목소리가 들려왔다.

"암파로….'

"왜요?"

"무슨 이야기를 하니?"

"아무것도 아니에요. 나중에 알려 줄게요."

외지인은 다시 종이 두어 장을 꺼냈다.

"여기를 읽어 보세요."

비록 빨리 읽지는 못했지만 암파로는 그것을 보았다.

"여기 보듯이, 우리는 은행의 지원을 받고 있습니다. 게다가 더 중요한 것은 이 예금은 일 년 만기입니다. 만약 돈이 필요하다면 해지를 하면 됩니다."

"암파로…."

이번에는 그녀는 대답하지 않았다. 이 외지인이 말하는 이자와 돈을 생각하고 있었다. 남자는 화제를 소와 송아지로 바꾸었다. 마을 사람들에게 송아지가 몇 마리 있는지, 마을 축제가 언제인지, 축제 때에 소 거래를 하러 거래상들이 오는지 등을 물었다.

"이장님과 이야기를 나누었는데, 왜냐하면 이곳에 대리인이 필요해서요. 나는 이장 비서를 생각하는데 성실한 사람 같아요."

더러워진 손수건으로 목 주변을 닦아 내고 조심스레 안

경도 닦았다. 서류를 담으려 몸을 숙였다.

"나가시게요?"

"오후에 몇 사람 더 만나 볼 생각입니다. 내일쯤 이 일을 마무리 지을 생각입니다."

"언제 떠나시나요?"

"하루나 이틀 정도 더 있을 겁니다. 이것들을 보세요. 여기 오기 전 마을에서 신청한 것입니다. 그쪽에 친척이 있나요?"

"삼촌이 계신데요."

"아마 틀림없이 이 서류에 있을 겁니다."

그녀에게 리스트를 주었다. 하지만 찾지를 못했다.

"이리 주세요. 이름이?"

"호세 칸세코인데요."

외지인은 만족한 듯 손가락으로 이름을 가리켰다.

"여기 있어요. 호세 칸세코, 만 페세타."

그러고는 머릿속으로 재빨리 계산을 했다.

"만 페세타에 4퍼센트 일 년 이자면, 400페세타를 삼촌은 손 하나 까딱 안 하고 벌어들여요."

문 밖을 나가며 계속 이야기했다. 마구간을 지날 때 송아지 한 마리가 자기를 묶어 놓은 줄을 우적우적 씹고 있었다.

"이 송아지는 얼마나 가지요?"

"이거요? 한 900페세타 할 거예요. 거의 200두로지요.
"삼촌은 2년이 지나면 이런 송아지가 저저 생겨요."

* * *

페페가 지금 하고 있는 일의 전임자인 마르틴은 자고 있고, 그의 부인은 개가 짖어 대자 깨어나서 문 밖으로 나갔다.
"주인장 계신가요?"
"주무시고 있어요."
"그럼 부인이신가요?"
"왜 그러시지요?"
"잠시 이야기를 나누려고요. 깨우실 수 있나요?"
"글쎄요. 아주 중요한 일이 아니라면. 낮잠을 깨우는 것을 몹시 싫어해서요."
"일어나려면 오래 걸릴까요?"
"좀 걸릴 거예요."
외지인은 긴 나무판자에 걸터앉아 조금 전의 조급함을 잊고 담배 하나를 말아 피웠다.
"올해 수확은 어떤가요?"
"매년 그렇지만, 안 좋아요."
"농민들은 항상 불만이 많아요."

"당신이 보기에는 그렇게만 보일지 모르겠지만…. 일 년 수확을 잘하면 기분이 좋겠지만, 이곳은 아랫마을과는 달라요."

"가축은 어떤가요?"

"그것은 조금 낫지요."

외지인은 힘껏 담배를 빨아들이고 내뿜었다.

"아이고, 더워 죽겠네!"

"그 구두를 신고 덥지 않으세요?"

그녀는 그의 구두를 바라보았다.

"아직도 일 년은 더 신을 수 있습니다."

무언가 아주 중요한 것을 생각해 냈다는 듯이 잠시 머뭇거리다 그녀에게 신중한 자세를 취하며 물었다.

"혹시 수확이 좋지 않아서 다음 해까지 견디지 못하면 어떻게 합니까?"

그녀는 이상한 듯이 그를 쳐다보며 대꾸했다.

"대출을 받지요."

그는 일어나서 몇 발자국을 옮기며 말을 이었다.

"이제는 깨워도 되지 않을까요?"

하지만 그녀는 그의 방문 목적을 정확히 알기 전까지는 남편을 깨우고 싶어 하지 않았다.

"깨우기 전에 무슨 용건인지 저에게 말씀하세요."

외지인은 느긋한 표정을 지으며 대답했다.

"돈을 전하러 왔다고 전해 주세요."

그러고는 집 안 계단까지 그녀를 동행하며 넉살 좋게 웃었다.

그녀가 남편을 찾으러 들어간 뒤로 웃음을 멈추고 의자에 앉았다. 태양이 내리쬐는 거리를 오전 내내 이리저리 걸어 다녀서인지 조금 지쳐 있었다. 서류를 꺼내 들고 기다리고 있었다. 그녀의 남편이 아랫마을에 친척이 한 명이라도 있었으면 하는 바람이었다.

그녀의 남편인 마르틴은 자리에 앉지도 않고 금방이라도 잠자리로 돌아갈 자세였지만, 빨리 마무리 질 생각으로 멈추어 섰다. 그의 부인은 조용히 옆에 서 있었다.

"부인께서 어떤 일인지 설명은 했지요?"

"나에게 돈에 관련된 일이라 했는데, 그 일이라면 관심이 없습니다. 우리는 돈이 없어요."

"잠시만요, 부인께서 자세히는 설명을 못 드린 것 같네요."

외지인은 마르틴의 부인을 조심스럽고 예의 바르게 바라보았다.

"사실은 제가 자세히 설명을 못 드렸어요."

하지만 마르틴은 여전히 무관심하게 그의 이야기를 듣고

있었다.

"아이들이 있나요?"

"없어요."

마르틴의 부인이 대답을 하고 그의 남편을 쳐다보았다.

"좋습니다. 이제 우리 모두가 관심이 있는 본론으로 들어가지요."

드디어 잠에 깨어난 듯한 마르틴과 그의 부인은 자리에 앉았다. 외지인은 손수건으로 이마에 흐르는 땀을 닦아 내고 손도 함께 닦았다.

"이 서류는 두 분의 은퇴 후 삶을 편안하게 만들 것입니다. 말하자면, 늙고 난 뒤에 일할 수 없을 때 걱정 없이 지낼 수 있도록 은행에서 이자를 준다는 얘기입니다."

"무슨 은행이 준다는 겁니까?"

"우리의 은행이지요."

"그러면 뭘 지불해야 하나요?"

"그럴 필요가 없습니다."

부부는 못 믿는다는 듯 서로를 바라보았다.

"그 서류 좀 봅시다."

"돈을 집에 쌓아 두는 대신에 은행에 예치하는 겁니다. 그러면 은행은 일 년에 4퍼센트의 이자를 줍니다. 이런 식으로 돈이 불어납니다. 당연히 예치금이 많으면 이자도 많겠지요."

"돈을 꺼내려면 어떻게 됩니까?"

"꺼내면 됩니다. 서류 하나만 꾸미면 되지요."

"전부 다 꺼내도 됩니까?"

"모두 꺼낸다 해도 아무 상관이 없습니다. 그래서 부인께 이것은 돈을 선물하는 것과 같다고 설명을 드렸어요. 오늘 아침에 이장 집에 들렀어요."

"그 양반은 돈이 있겠지요. 하지만 우리는…."

"돈이 많이 있는 사람은 많은 돈을 예치할 테고, 조금 있는 사람은 조금 할 테고…. 어쨌든 잘 살펴보시라고 이 서류들은 그냥 놓고 갑니다. 내일 저녁 때 마을 회의가 소집될 것입니다. 관심이 있다면 학교로 오세요."

외지인은 분수가 있는 곳까지 강을 따라 걸어갔다. 물을 한 모금 먹으며 진정하려고 애를 썼다. 물은 너무나 차서 홀짝홀짝 마실 수밖에 없었다. 그늘은 아니었지만 바람은 시원했다. 다시 한 번 물을 마셨다. 물은 분수대에서 졸졸 흘러내렸고, 바닥의 이끼들은 흔들거렸다.

* * *

알프레도의 집으로 간 의사는 그를 치료하고, 딸 이사벨은 의사에게 숭어를 잡겠다는 자기 아버지의 고집을 꺾어 달라고 부탁한다. 또한 그녀는 의사에게 외지인이 마을 사람들을 상대로 은행을 대신해 예금을 받고 있다고 전한다. 이사벨은 의사에게 이 일의 불안감을 표시한다.

안톤의 부인은 자기 남편을 찾아 마놀로의 가게에 왔지만 마놀로가 알면서도 알려 주지 않는다는 것을 눈치채고는 그냥 그곳을 나와, 병들고 뚱뚱해진 자신의 신세를 한탄하며 울어 버린다.

마놀로는 의사에게 페페가 이사벨을 좋아하는 감정을 가졌다고 전하며, 동생의 장래를 걱정한다. 그리고 이들은 아마도르의 집에서 나오는 외지인을 본다.

밖에서 나는 소리에 의사는 새벽에 잠에서 깨어난 후 잠을 이루지 못한다. 마놀로의 부인은 새벽부터 찾아온 두 여자 손님과 이야기를 나눈다.

호수에서 배를 타는 꿈에서 깨어난 아마도르의 아들은 젊은 의사가 처음이기 때문에 자기를 진찰한 그를 믿지 않는다. 소년은 자신의 처지를 비관하며 밤마다 잠을 이루지 못한다.

* * *

안톤은 침대에서 뒤척이다 그의 아내가 부르는 소리를 들었다.
"여보…."

"금방 가."

그의 아내는 그를 깨우려고 한동안 기다리고 있었다.

"왜 깨우는 거야! 잠도 못 자나!"

"자지도 않았잖아요!"

"내가 뭘 하기를 원하는데?"

"벌써 해가 떴어요."

"뜨라고 해."

"조금 전에 아마도르가 수레를 끌고 가는 것을 보았어요. 아침 일찍부터요."

"그게 뭐 어때서."

창밖을 보았다. 안개 사이로 길 건너편 마을의 반은 이른 아침 태양에 노란빛을 띠고 있었다.

"왜 아마도르랑 결혼을 안 했는지 모르겠어!"

부인은 대답 없이 천장만 바라보았다.

"아마도르 이야기를 하며 자고, 깨어나면 그 인간 이야기를 하고 말이야! 당신 입에서는 그 인간의 이름이 떨어지질 않잖아!

부인은 아무런 대답 없이 뚱뚱한 몸임에도 재빨리 옷을 입었다. 안톤은 잠시 그녀를 보다가 창문 쪽으로 다시 머리를 돌렸다.

"저기 필라르 식모 좀 봐봐. 일찍도 일어나네."

"마놀로 가게로 가나 보죠."

식모는 마놀로의 가게로 가서 의사가 있는지 물어보았다.

"아직 주무시는데."

아이를 앉고 흔들고 있는 마놀로는 급한 일이냐고 물었다.

"필라르 마님 때문이에요. 오늘 아침에 집에 들를 수 있는지 물어보라 하셨어요."

식모는 이렇게 말했다.

"어디가 아프신가?"

"잠을 못 주무신다고…."

"하지만 그건 예전부터 그러지 않았나? 내 기억에는 항상 불면증이 있었는데. 필라르에게 집에 들를 거라고 알려라. 우리가 의사 선생에게 전해 주마"

식모가 가고 났을 때 페페가 내려오며 의사는 아직 잠을 자고 있다고 말했다. 노크는 했지만 반응이 없었고, 이런 일로 일부러 깨우기에는 미안하다고 형에게 설명했다.

그러고는 차를 가져오려고 나가며 한마디를 던졌다.

"나는 필라르가 잠을 자기 위해 뭐가 필요한지 알고 있어요!…"

마놀로 부인은 창고에서 나와, 왜 다른 사람 일에 간섭하느냐며 페페에게 한 소리를 하고는 아기를 두 팔로 안고 재우려 흔들었다.

* * *

암파로는 화로에서 아침 식사를 내려놓았고, 그 냄새를 맡은 외지인은 인상을 찌푸렸다. 반쯤 열려진 문으로 암파로 어머니의 목소리가 들려왔다.
"암파로….'"
"왜요?"
선반에서 접시 두 개를 내렸다.
"선생님께는 뭘 드리려 하느냐?"
"커피를 드릴 거예요. 걱정 마세요."
외지인은 창문에 걸터앉아 아직 잠에서 덜 깬 상태로 자신의 존재를 잊은 듯이 이야기를 하는 모녀의 대화를 듣고 있었다. 그리고 매일 아침 같은 음식으로 식사를 하느냐고 암파로에게 물었다.
"매일 같아요."
암파로의 어머니가 대답했다.
"이곳은 도시처럼 다양하지는 못해요."
"잠시만 기다려 주세요. 이것을 어머니에게 드리고 올게요."

손에 김이 나는 접시를 들고 어두컴컴한 복도로 사라졌다. 이윽고 씹는 소리와 모녀의 소곤대는 대화가 들렸다.

"오늘은 날씨가 어떨지 짐작이 되나요?"

모녀의 대화를 멈출 정도의 목소리로 물었다.

"선생님에게는 힘든 날일 겁니다."

"아주 더울까요?"

"어제처럼 더울 겁니다."

외지인은 어머니와 이야기하기를 바랐지만, 암파로가 방 안을 이리저리 다니며 그의 다른 질문에는 별다른 반응도 없이 간단히 대답해 버렸다.

"아침 식사를 안 하고 나가시는 줄 알았어요."

암파로는 그에게 안으로 들어가라고 했다.

"나가려는 것이 아닙니다."

무더운 날씨는 사람을 바꾸어 놓는 듯했다. 암파로와 외지인은 서로를 모르는 듯 컴컴한 부엌에 앉아 있었다. 그들 사이로 파리들이 날아다녔고, 커피는 끓고 있었다.

암파로의 어머니가 다시 물었다.

"가셨나요?"

"아니요. 이제 더워지기 시작하네요."

그녀는 기침하며 작은 미소를 지었다.

"파리들이 귀찮게 하지요?"

"아직은 아닙니다."

"아마 다음 달이었다면 아주 귀찮았을 겁니다. 9월은 파리의 달이에요."

잠시 말을 멈추었다가 외지인이 대답이 없자 다시 묻는다.

"제 말이 들리세요?"

"예?"

"제가 하는 말을 듣고 있나 해서요?"

"예, 듣고 있어요."

"9월은 파리들이 죽어 가는 달이라고요."

암파로는 자기 엄마에게 뭐라 하려 하다 그만두었다.

"신청을 많이 했나요?"

새로운 날이 시작되었다. 끝없이 일을 해야 하는 무더운 날이다. 마을 주민들이 자신들의 돈을 맡길 수 있도록 더 많은 주민들을 설득해야 할 것이다. 오전 내내 설득 작업을 해야 할 것이다. 모자란다면 밤을 새서라도 해야만 한다. 얼마나 많은 시간인가! 이제는 어제처럼 일어나서 사람들의 탐욕을 부추기러 가야 한다.

창문에 걸터앉아 커피를 마시고 있을 때 마르틴의 부인이 문을 밀며 들어왔고, 그는 한쪽으로 비켜야 했다.

"괜찮아요. 암파로에게 한 가지 빌리러 왔어요. 여기에 앉아 있는지 몰랐어요"라고 말했다.

마르틴의 부인은 빌린 수레를 찾으러 왔다. 암파로는 말을 끌고 와 가져가라고 말했지만, 마르틴의 부인은 외지인에게 말했다.

"이 마을에서 떠나지 않으려 작정했나요?"

마르틴의 부인이 암파로를 쳐다보았지만, 그녀는 눈길을 피하고 불을 휘젓고 있었다.

"우리 마을을 좋아하나 봐요?"

외지인은 며칠만 더 머물 것이라고 말을 해야만 했다.

"당신은 이곳에 와서 돈만 가져가고 우리를 그냥 버릴 거지요."

농담 섞인 말이었지만 심장이 뛰었다.

"자! 이제 결정했나요?"

"모르겠어요. 집 주인은 내가 아니니까요."

매번 똑같은 일의 반복이다. 이미 결정을 다 해 놓고도 애절하게 부탁하기를 원한다. 누군가가 부탁하면 자기들 돈의 가치가 더 있는 줄로 생각하기 때문일 것이다.

"이곳 공기가 어떤 아가씨들을 만들어 내는지 보셨지요?"

외지인은 반쯤 웃고 있는 암파로를 보기 전에 한동안 망설이고 있었다.

"아, 예…."

마르틴의 부인은 마치 마을의 아름다움과 공기가 그녀의 것인 양 기분이 좋아졌다.

"여기에는 도시처럼 편의 시설은 없지만 그 나름대로 좋은 점이 있어요."

마르틴의 부인이 외지인에게 인사를 하고는 다른 창문으로 가서 암파로의 어머니와 이야기를 나누러 갔다. 외지인이 나가려고 할 때 하루를 더 묵을 것인지 물었다.

"저는 내일 떠납니다."

외지인은 그녀를 천천히 바라보았다. 그녀 뒤로 태양이 벽에 문의 그림자를 그렸다. 그는 태양을 저주했다. 또한 이유도 모르면서 자기 자신도 저주했다. 탁자 옆에 앉아 암파로는 조그마한 감자를 정성스레 손질하며 점심 준비를 했다. 외지인은 그 옆에 앉았다. 잠시 동안은 감자 껍질이 바닥에 떨어지는 소리만 들렸다. 조금 후에 이들은 마치 한평생을 얘기한 듯한 말투로 말을 꺼내기 시작했다. 창문 밖으로는 페페의 트럭이 지나갔고, 이 소리에 개들이 짖어 댔다.

* * *

페페는 목동인 로렌소와 트럭을 타고 가며 결혼에 관한 이야기를 나눈다. 결혼을 못하고 늙는 것은 서글픈 일이라고 공감한다. 페페의 목적지인 기차역에 도착해서 로렌소는 기차에 오르고 페페는 물건들을 싣고 로렌소를 배웅한다.

의사는 필라르를 진찰하러 그녀의 집을 방문한다. 그녀는 자신의 불면증에 대해 호소한다. 그리고 자신의 병세를 낱낱이 의사에게 설명해 주며 자신의 신세를 푸념하고 있었고, 식모는 부엌에서 식사 준비로 바쁘게 움직이고 있었다.

* * *

돈 프루덴시오는 양상추 밭에서 돌아와 손에 들고 온 양동이를 탁자에 놓고, 항상 같은 의자를 꺼내 발코니로 갔다. 황갈색의 마른 땅 위에 강 양쪽으로 자리 잡은 집들이 있는 마을이 눈앞에 펼쳐졌다. 발코니와 강 사이에 난 길 위로 마르틴이 끌고 있는 암파로의 수레가 흔들거리며 지나갔다. 천천히 수레를 끄는 소들은 매우 지쳐 있었다. 매번 눈꺼풀을 움직일 때마다 동공 주변에는 파리 떼들이 이리저리 날아다니고 있다. 마르틴은 어깨에 막대기를 걸치고 모자를 눌러쓰고 생각에 잠겨 걷고 있었다. 가끔씩 뒤를 보고 "이랴" 소리를 치면 소들의 걸음걸이가 조금 빨라지다가 이내 원래의 속도로 돌아와 느릿느릿 걷고 있다. 그는 발코니를 지날 때 말없이 모자만 살짝 올려 인사했지만, 그의 아내는 멈추었다. 그녀는 수레바퀴 자국을 따라 뒤따라오고 있었다. 노인에게 인사를 하려 멈추었고, 수레는 그대로 그녀에게서 멀어져 갔다. 얼굴을 가린 손수건을 흔들며 인사를 했다.

"편찮으셨나요?"

"아니, 내가 아니고…."

"의사가 나오는 것을 봐서요."

"내가 아니라 소코로 때문이네."

"어디가 아픈가요?"

"별거 아니네. 주사만 맞으면 된다네." 손을 내저었다.

"얼굴에는 아픈 기색이 없던데요."

"괜찮다네."

"아무 일이 아니라 안심이네요."

"고맙네."

돈 프루덴시오는 들어가려다 묻는 소리에 멈추었다.

"어르신은 은행에 대해 잘 아시나요?"

"무슨 은행?"

"지금 암파로 집에 머물고 있는 사람이 은행에서 왔다는데요."

"아! 그 예금을 이야기한 자 말인가? 글쎄 뭐라 말을 해야 할지 모르겠네. 소코로가 뭐라 하긴 했는데, 나한테는 아직 오질 않았고 나도 어떻게 해야 할지 결정을 안 했네."

그녀는 가만히 생각을 하다가 다시 손수건으로 인사를 하고 가던 길을 갔다.

"어제 벤 보리를 집으로 옮기러 가야겠어요."

"올해 보리는 잘 됐나?"

"아니요." 조금 뒤처져 있던 마르틴의 부인이 수레를 따라잡으러 종종걸음으로 오며 대답했다.

돈 프루덴시오의 집에서 조금 멀어진 다음 마르틴에게 말을 건넸다.

"그 은행에서 온 사람이 어르신에게는 아직 안 갔나 봐요."

기분이 조금 상한 마르틴은 자기 부인에게 독설을 퍼부었다.

"당신은 아무한테나 모든 것을 다 묻고 다니나?

"몇 마디 안 했어요."

"한마디도 물어볼 필요가 없어! 여자들의 혀를 다 잘라 버리든지 해야지!

"당신 것이나 잘라요! 뭘 그리 화를 내요. 나는 단지 그 예금인지 뭔지가 어떤 것인지를 알고 싶어서 그랬을 뿐이에요."

"그래, 그렇다고 그분에게 물어보나."

"뭐 좀 더 알 거 아니에요."

"내가 아는 정도이거나 아니면 더 모를 거야."

"그 어르신은 사업을 하지 않나요? 그게 아니면 무엇으로 먹고사나요?"

마르틴은 인상을 찌푸렸다.

"사업, 사업이라고…. 도시에 있는 그의 동생이 없었더라면 말이야…. 여기에 오기만 하면 시청에서 잘 나가는 사람들이나 서기관을 식사에 초대하는데, 왜 하겠어? 왜 다른 사람 배를 채워 주겠어? 여기 사람들은 좀 멍청해. 하루 종일 종이에 끼적거리니까 대단하게 보는데, 그 노인도 잘난 것이 별로 없어."

수레가 지나간 후에는, 모든 것이 다시 돈 프루덴시오의 발아래 조용해졌다. 의자에서 일어나 더위를 식히러 방으로 들어갔다. 가죽 물주머니[6]에서 물을 마시고, 아니스[7] 향이 나는 얼음도 입 안에 넣었다. 강에 있는 돌멩이들 사이로 새 한 마리가 능숙하게 물을 마시고 날아갔다. 노래하듯 흐르

---
6) 가죽 물주머니: 동물의 가죽으로 만든 주머니로 와인을 넣기도 하고 물을 넣기도 한다.
7) 아니스: 마늘이 주원료인 증류주의 일종.

는 강물은 햇빛에 반사가 되어 빛이 나고, 버드나무 그늘 밑에는 수많은 벌레들이 수영을 즐기고 있었다. 검푸른 빛의 강바닥에는 숭어들이 빛을 발산하며 미동도 하지 않고 있었다. 돈 프루덴시오는 그의 자리로 돌아와 혼잣말로 중얼거렸다.

"바람이 한 점도 없군."

부엌에서 소코로는 화덕에 불을 피웠다. 창문을 열어 연기를 밖으로 빼냈다. 하지만, 더운 공기가 집 안으로 들어오자, 이내 창문을 닫았다. 돈 프루덴시오를 보러 위층으로 올라갔다.

"무슨 일이 있나?"

"이것을 고치러 밖에 나가 봐야겠어요. 집에 하나밖에 없어서요." 손에 든 냄비를 보여 주었다.

노인은 조금 전에 대장장이가 들어간 대장간 쪽을 바라보고 있었다.

"안토니오가 방금 들어갔으니 지금 가 보도록 하고, 그전에 마놀로에게 들러서 월요일에 차가 필요하다고 전해라."

"마놀로에게 전할까요, 아니면 페페에게 전할까요?"

"아무에게나 전해라."

"그러다가 지난번처럼 연락이 안 돼서 차가 없으면 안 되잖아요."

"그렇지. 페페에게 전해라."

그의 발밑으로 천천히 멀어져 가는 소코로를 바라보았다. 거리에는 먼지가 조금 날렸고, 땅 위에는 가느다란 그림자가 그려졌다. 그녀가 마놀로의 가게로 들어갈 때까지 그녀를 바라보았다.

이제는 자신이 늙었다고 생각하고 있지만, 아직은 발코니에서 그녀를 바라보기를 즐긴다. 걷는 모습을 보거나, 다른 사람과 이야기하는 것, 다리를 건너 우물가에 앉아 다른 여자아이들과 깔깔대며 이야기하는 모습 등을 보고 싶어 한다. 하지만 항상 자신의 그늘에 있기를 원한다. 부르기만 하면 순종하고 당장이라도 달려올 수 있는 범위에 있기를 바란다. 다른 사람들과 걸으며 당당한 그녀를 보면 마음속으로 뿌듯해져 온다. 그녀는 마을의 그 어떤 여자보다도 예뻤다. 이 마을에서 가장 예쁜 여자는 근처 모든 마을에서 가장 멋진 집에서 살아야 한다고 여러 번 그녀를 설득했다.

하지만 이런 소코로에 대한 그의 열정은 조금씩 식어 가고 있었다. 하루에 한 번 보는 것조차도 힘겹게 느껴졌고, 이러한 상황들이 그를 걱정스럽게 만들었다. 왜냐하면 그의 나이로는 그녀의 외로움을 달래 주기에는 너무 늙어 버렸기 때문이다. 하지만 그는 지난날의 행복했던 시간을 뒤로한 채 이젠 일상이 되어 버린 자신의 처량한 모습이 싫어졌다.

* * *

안토니오의 대장간에는 두 명의 아스투리아스인들이 말발굽을 고치고 있었고, 다음 주에 결혼하는 안토니오는 들뜬 기분으로 일하고 있었다.

돈 프루덴시오는 외지인에게 자기는 예금에 관심이 없다고 단호히 전하고, 마을 아이들과 마주친 자리에서 안토니오의 결혼 소식을 듣는다. 하지만 안토니오가 이미 그에게 초청장을 보낸 사실을 기억하고, 마을 사람들과 마주치기를 꺼려서 월요일에 차를 대기한 사실을 상기한다.

* * *

교회의 종소리는 돈 프루덴시오에게 지나간 날들을 뒤돌아보게 하며 옛 추억을 떠올리게 했다.

의사는 똑바로 앉았다. 어둠 속에서 소코로의 그림자가 어렴풋이 보였다.

"왜 종이 울리는 것이지?"

"마을 회의 때문일 거예요."

방 안에는 소독용 알코올 냄새가 진동했다. 주사기와 바늘을 주섬주섬 주워서 주사기 통 안에 넣고 주머니에 통을 집어넣었다.

"그 은행에서 왔다는 사람 때문일까…."

밖은 곧 어두워져 갔다. 소코로는 불을 키려 했지만 전등은 켜지지 않았다.

"전기가 안 들어오나 봐?"

"서둘러요. 내일은 몇 시에 올 거예요?" 재킷 입는 것을 도와주며 이렇게 물었다.

"오늘처럼 오후에 오려고 하는데. 그가 없는 동안에 올게."

"아무것도 눈치 못 채겠지요?"

"걱정하지 마라."

그리곤 이렇게 생각했다. '눈치를 챈다면, 뭐 어쩌겠어. 언젠가는 알게 될 텐데.'

"우린 어떻게 할까요?"

"뭘?"

"그가 알게 되면요."

"걱정 말라 했잖아."

문 앞에서 서둘러 작별 인사를 했다. 의사는 어둠 속에서 그녀의 숨결과 그녀의 온몸을 느꼈다. 어느 장님에게 키스를 하는 것 같았고, 마치 그 장님이 그녀에게 키스를 전달하는 듯 했다. 그리고 짧은 인사말과 문이 닫히는 소리가 들려왔다. 의사는 계속 어둠 속 강 쪽으로 걸음을 옮겼다. 이윽고 마놀로 가게의 불빛이 그를 비추고 있었다.

* * *

그 신호를 기다렸다는 듯이 사람들이 집에서 나와 학교로 향했다. 그곳에서 아마도르는 외지인과 함께 사람들을 기다리고 있었다. 학교는 이 층짜리 건물이었다. 위층은 어린아이들이 뛰어노는 곳이고, 아래층은 곡물을 거래하는 곳이기도 하다. 나무 바닥으로 된, 이제는 빈 공간이었다. 마을 축제 때 비가 오면 무도회장으로 변하기도 하는 곳이었다.

사람들이 하나둘 모이기 시작했다. 혼자서 혹은 무리를 지어 마놀로의 가게에서부터 왔다. 그곳에서 오기 전에 다른 이의 의견을 들어보고 마음의 결정을 내렸다.

마놀로는 가게를 자기 부인에게 맡기고 왔다. 페페는 오질 않았다.

페페는 "나는 돈도 없고, 있다 해도 어디에 써 버릴지 알고 있어. 마을 사람 모두 그 작자를 너무 믿는 것 같아"라고 말했다.

마놀로의 부인은 정산을 하고 다음 날 전달할 곡물을 세고 있었다. 가끔씩 층계에 난 구멍으로 아이가 우는지를 살

피고 있었다.

"안 울어요. 형수님, 걱정 마세요."

다시 정산을 하며, 얼굴을 들고 페페에게 물었다.

"아이가 좀 아파요. 그런데 어떻게 그 은행 양반이 사람들을 속인다는 거예요. 그를 보지도 않았잖아요?"

페페는 의자를 벽에 기대어 놓고 앉았다.

"이 마을 사람 모두 아주 똑똑해요. 형은 더 똑똑해요. 자! 돈 프루덴시오 어르신이 갔나요?"

"맞아요. 어르신의 돈은 동생이 은행에 보관한다고…."

형수의 말을 흉내 내며 "맞아요"라고 대꾸하고는 계속 이어서 말했다.

"그 양반은 어디에 돈을 두어야 하는지를 알고 있지요. 하지만 이 마을 사람들은 아무나 이렇게 쉽게 믿어 버려요."

"그럼 왜 그곳에 안 가는 거죠. 나한테 말고 다른 사람들에게 이야기해야지요."

"다들 자기 생각이 있겠지요. 예금을 하든 말든 사기를 당하든 말든. 나야 나중에 웃기만 하면 되죠."

페페가 일어나자 의자가 바닥에 굉음을 내며 넘어졌다.

"의자가 박살이 나겠어요!"

"뭘 그리 화를 내세요! 진짜 바보나 자기 돈을 남에게 주지."

페페는 기분이 상해서 밖으로 나갔다.

모두가 학교에 도착했을 때 아마도르는 문을 열어 외지인과 안톤에게 리스트를 가져오게 했다. 벌레가 잔뜩 묻은 전등이 흰색의 교실 벽면을 비추고 있었다. 네 개의 아주 오래된 긴 의자에 주민들이 앉아 있었다. 조금 늦게 도착한 몇 명은 바닥에 자리했다. 두 아이가 위층에서 교사용 책상과 의자 세 개를 가져왔다. 가운데 자리에 외지인이 앉았고 양옆에는 이장과 이장 비서인 안톤이 자리를 차지했다. 아마도르는 손뼉을 쳐서 주의를 모았고, 조금씩 조용해졌다. 마지막으로 손에서 손으로 담배들이 전해졌고, 불이 없는 이는 눈짓을 보내 불을 빌렸다. 담배를 피우며 자기들이 듣고 싶은 말이 나오기를 기다렸다.

"모두 여기에 왜 모였는지는 알 것입니다. 따라서 시간 관계상 불필요한 이야기는 더는 안 하겠습니다."

외지인이 설명하기 시작했다.

"괜찮습니다. 제가 다시 설명을 드리지요. 하지만 한 번만입니다. 나중에 이해가 안 간다고 하지 마십시오."

다른 사람에게 믿음을 주려 등록한 사람들의 이름을 호명하며, 앞서 이야기한 모든 것을 천천히 되풀이하고 있었다. 호명된 사람들은 움직이지 않고 생각에 잠겨 있다가, 외지인이 전에 이야기했던 말들을 기억하며 고개를 끄덕거리고 있었다. 전등 빛이 닿는 곳의 얼굴은 자세히 보였지만, 바닥에 있는 사람들의 얼굴은 희미하게 보였다. 닫힌 교실 안은 점점 담배 연기로 가득 차고 있었다. 조금 후에는 끝이 보이지 않을 정도였고, 하얀 얼굴만이 보일 뿐이었다. 목은 말라 왔고, 입에서는 쓴맛이 느껴졌지만 외지인은 계속 말했다. 교실은 목소리의 울림도 없이 쥐 죽은 듯 조용했다. 전등 빛은 환자의 맥박처럼 조금씩 흔들리고 있었고, 부릅뜬 눈들은 외지인의 입술에 고정이 되어 있었다.

외지인은 자신들의 욕망에 이끌려 온 사람들을 유인하는 것은 쉬운 일인데도, 이렇게 사람들이 모인 자리를 왜 두려워하는지 자문하고 있었다. 연설의 주제에서 벗어나지 않으려 노력하며, 안톤에게 창문을 열어 달라고 부탁했다. 강바람이 안으로 들어왔다.

"사고가 나면? 또한 병이 나서 장기간 일을 하지 못하는 상황은 누구에게나 벌어질 수 있지 않겠습니까? 예를 들면 올해 남은 날 동안에, 이번 달조차도 그 누가 안전하다고 하겠습니까?" 외지인이 잠시 쉬는 동안 그 누구도 움직이지 않았다. "누군가에게, 저는 절대로 이런 일이 벌어지지 않기를 바라지만, 이런 일이 벌어진다면 부인들이 남편을 위해 일을 하러 거리로 나갈 것이고, 자식이 있다면 자식을 위해서 일을 해야 할 것입니다. 반대로 여러분이 이 예금을 신청한 사람이라면, 안전한 곳에 돈을 두는 것뿐만 아니라 자식이나 예금 수혜자와 함께 부인들은 이자를 받으며, 편히 지낼 수 있다는 것입니다. 자, 이제는 더는 말을 하지 않겠습니다. 각자가 결정을 내려 주세요."

그 누구도 먼저 나서질 않았고, 질문조차도 없었다. 외지인은 앞자리에 앉은 사람들의 얼굴을 살펴보고, 다른 마을에서처럼 리스트를 부르기로 마음먹었다. 안톤에게 부탁했다. 안톤이 리스트에서 이름 하나를 부르려고 할 때, 그는 마음속으로 젊은 사람이기를 간절히 바라고 있었다.

"엘라디오 칸세코"

다행히도 젊은이였다. 결혼은 했고 곧 아버지가 되는 서른은 안 되어 보이는 사람이었다.

"어떻게 하실 건가?"

"저는 관심이 있습니다. 800페세타입니다. 세어 보세요." 고무줄로 묶인 지폐를 작업복 위 주머니에서 꺼냈다.

서류에 서명하는 동안, 외지인은 엄숙하게 돈을 세고 나서 영수증을 건넸다. 사람들이 말을 하기 시작했고, 엘라디오는 영수증을 보여 달라는 사람마다 보여 주며 자기 자리로 돌아갔다.

리스트에 있는 두 번째 사람에게는 물어볼 필요가 없었

다. 돈을 건네고 영수증을 받아 들었다. 세 번째는 삼촌을 대신해 온 알프레도의 조카였다. 네 번째 순서가 다가오자 외지인은 순서를 지켜 달라고 요청했다.

"시간은 충분히 있으니 순서를 지키시기 바랍니다. 그리고 제가 와인 한 상자를 이미 주문해 놓았습니다. 한 사람당 한 병식 주고 싶지만 그렇게는 힘들다는 것을 다 알고 계시리라 믿습니다. 그래도 인색한 사람은 되기 싫습니다." 그리고 문을 열더니 "자! 애들아, 들어오너라!"고 했다.

한 소년이 허리춤에 와인 한 상자와 잔 세 개를 들고 들어왔다.

"애야! 이쪽으로 와라." 안쪽에서 소리가 들려왔다.

한 명이 잔을 돌리기 시작하자 모두 잔을 돌리며 잔치 분위기를 만들었다.

한 시가 되어서 마지막 주민이 돈을 예치했다. 돈 프루덴시오와 페페만이 빠졌다. 또 다른 한 명은 세금 낼 돈뿐 말고는 없다고 한 사람이었다. 마지막으로 아마도르가 돈을 맡겼다. 시간이 지나감에 따라 아마도르는 침묵을 지켰고, 술은 한 잔도 마시지 않았다.

* * *

일요일에는 경비원의 눈길이 닿지 않는 외진 곳으로 경작하러 가는 사람들이 아마도르와 길에서 마주친다. 예전에는 일요일이면 미사를 하러 성당에 가곤 했지만 지금은 특별한 사건이 있지 않으면 신부조차도 오지 않는 마을이 되었다. 여자들은 강가에 모여 일주일 동안 못한 빨래를 한다. 외지인은 마을 사람들의 예금액을 갖고 마을을 떠난다. 그리고 의사는 발타사르를 찾아가 그가 새로 지은 집을 임대하려고 협상한다.

마을 사람들은 각박해진 세상을 한탄하고, 젊은이들은 새로운 삶을 찾아 도시로 가려는 포부를 밝힌다.

도시를 방문한 돈 프루덴시오는 새롭게 변해 가는 모습을 보며, 정체해 있는 자기 고향과 비교한다. 돈 프루덴시오는 자기에게 휴가를 떠난다고 전하지 않은 동생의 집 앞에서 매우 언짢아했다.

* * *

의사가 돈 프루덴시오를 진찰하며, 잠시 멈칫 생각에 잠길 때마다 돈 프루덴시오는 약간의 두려움이 생겼다. 의사는 웃옷을 벗어 가슴뼈가 드러난 채 있는 환자를 두고 자기의 의자에 앉아 진찰 기록을 살펴보았다. 돈 프루덴시오는 의사가 머뭇거릴 때마다 두근거리며 마음을 졸이는 것 때문에 자기의 병이 더 나빠진다고 생각했다. 그리곤 손톱까지 청결한 손을 책상 위에 올려놓았다.

"옷을 입으세요."

의사는 퉁명스럽게 다시 말했다.

"누구와 살고 있다고 하셨지요?"

잠시 머뭇거렸다.

"혼자입니다. 아, 식모도 같이 있습니다."

"가족은 있나요?"

"아니. 아, 예."

"자식은?"

"동생이 하나 있습니다. 병이 심각한가요?"

이제는 머뭇거리는 사람은 의사였다.

"놀라지 마세요. 큰 병은 아닙니다. 좀 안정을 취해야 합니다."

그는 두려움에 빠졌다. 판결을 내리는 의사의 입술만을 바라보았다.

"많은 사람들이 선생님과 같은 병이 있지만, 아주 오래 살기도 합니다. 조금이지만 운동이 필요합니다. 동생 분하고 다시 올 수 없나요?"

"여기 없습니다."

"살고 계신 곳에 의사는 있지요?"

"예, 있습니다."

메모 종이 한 장을 건네며 말을 이었다.

"집에 가셔도 좋습니다. 그리고 충분한 휴식을 취하세요."

메모를 받아 들고, 의사가 안내하는 문 쪽으로 갔다. 의사는 그의 어깨에 손을 얹으며 친밀감을 나타내려 했다.

"걱정 마시고, 힘내세요."

복도에서 깡마른 한 청년과 마주쳤다. 진찰실로 들어가는 청년은 진지하고 절도가 있었지만 조금은 냉철해 보였다. 마치 모든 일상사를 다 알고 있는 듯이 행동했다. 돈 프루덴시오는 이유도 없이 잠시나마 그 청년이 미워졌다. 이 감정은 건물 밖으로 나와 달리는 자동차를 보고 거리를 활보하는 사람들을 볼 때까지 이어졌다. 건물 앞에서 소견서를 읽어 보려 했지만 너무 갈겨써서 알아볼 수가 없었다. 어쨌든 희망이 있다고 생각하고 소견서를 가방에 집어넣었다. 돈 프루덴시오는 옷감 가게 앞 쇼윈도에 섰다. 마을의 여인네들이 입고 다니는 옷이나 여자아이들의 종이 인형 옷과는 사뭇 다른 원색의 옷감들이 보였.

그는 들어갔다. 여점원은 그에게 친절하게 무엇을 원하느냐고 물었고, 젊은 아가씨를 위한 옷을 원한다고 했다. 원단만을 사서 원하는 곳에서 옷을 만들 수도 있다고 했지만, 마을에는 재단사가 없다고 말했다. 또 아가씨를 데려와 치수를 재어 재단할 수도 있다고 했지만, 데려올 수가 없었다고 대답했다. 여점원은 손님이 원하는 것이 있는지 창고로 찾으러 가면서 앉아서 기다려 달라고 부탁했다.

그는 앉아서 기다렸다. 십여 분 후에 여점원은 팔 아래 여러 가지 옷감을 들고 와서, 탁자 위에 하나씩 펼쳐 보였다.

"아, 이것이 잘 어울리겠네."

여점원은 젊었다. 그는 그녀에게 옷감을 대 보았다. 그러고는 푸른 색 비단을 두른 소코로의 마른 몸을 생각했다.

"좋아요. 이것으로 하지요."

그는 후한 팁을 주려 했지만, 여점원은 사양했다.

"상자에 넣어 주세요."

가게를 한 번 더 둘러본 뒤에 기차역을 향해 걸어갔다. 표를 사고 기차에 올라 가방과 옷상자를 짐칸에 올려 두고 자리에 앉았다.

도착 시간에 맞추어 역에서 기다리고 있던 페페는 세사르를 만나서 선술집으로 향했다. 역에 기차가 도착했다는 신호를 들었을 때는 포도주 몇 잔씩을 마셨다.

"저기 역장님이 오시네."

페페는 돈을 내고 밖으로 세사르와 함께 나왔다.

둘은 역장실로 들어가서, 신문을 훑어보았다. 역장은 페페에게 위쪽 마을 추수가 어떤지를 물었고, 페페는 보통이라고 대답했다. 세사르는 그쪽 땅은 토양이 별로 좋지 않거

니와 매년 돌려짓기를 한다 해도 경작이 좋지 않을 거라고 끼어들며 말했다.

"돌려짓기를 하지 않나?"

"아니요. 돌려짓기를 했다면 올해에는 모두 굶었을 겁니다." 페페가 대답했다.

"역장님은 페페 마을이 리베라 마을과 같다고 생각하시나요? 페페가 있는 마을이 최악은 아닙니다." 세사르가 신문을 탁자에 내려놓으며 말을 이었다.

"뭐? 더한 곳도 있다고?"

"예."

날은 어두워졌다. 자동차 불을 켜 놓고 담배를 한 대 피워 물었다. 돈 프루덴시오는 생각에 잠긴 듯 천천히 기차에서 내렸다.

"오래 기다렸나?"

"예, 조금."

페페는 문이 잘 잠겨 있는지를 확인하고 시동을 걸었다. 산의 그림자로 더 어두워 보이는 곳을 향해 자동차는 달려갔고, 주변이 자동차 불빛 때문에 흑백사진처럼 보였다.

집에 도착해서 열쇠 구멍에 열쇠를 넣었지만, 문은 저절로 스르륵 열려 문이 벽에 닿았다. 계단은 짙은 어둠 속에 있었다.

"소코로!"

집에서는 아무런 대답이 없어서, 다시 불렀지만 역시 대답은 없었다. 부엌으로 가서, 불을 켰지만 전등 주변에 파리 몇 마리만 날아다니고 있었다. 모든 것이 제자리에 있었다. 마치 처음 사용하는 집처럼 모든 것이 깨끗하게 정리가 되어 있었다. 한 줄로 정렬된 냄비, 하얀 천으로 쌓인 그릇, 깨끗하게 말려 있는 프라이팬, 청결하게 닦인 바닥들이 눈에 보였다. 모든 것이 잘 정돈된 것은 돈 프루덴시오에게 나쁜 조짐으로 느껴졌다. 탁자 위에 다른 열쇠가 놓여 있는 것을 보고는 불안한 마음을 떨쳐 버릴 수가 없었다. 소코로는 외출을 할 때도 항상 열쇠를 들고 다녔기 때문이다. 서 있을 수가 없었다. 땀은 흐르고, 머리는 무수한 생각으로 혼미해졌다. 잘 정돈된 냄비나 깨끗한 바닥으로 볼 때 확실하게 방금 전에 벌어진 일이었다. 한 가닥 희망을 갖고 다시 그의 호주머니에 손을 집어넣었다. 하지만 불행히도 열쇠가 손에 쥐어졌다. 이제는 의심할 여지없이 탁자 위의 것은 소코로의 것이었다.

떠나 버린 것이다. 불현듯 늦은 오후마다 방문했던 의사를 떠올렸다. 무의식적으로 의사 소견서가 담긴 서류 가방에 손을 뻗었다.

벌어진 사건을 자기 자신에게 변명이라도 해야 할 듯 무슨 말을 해야 할지 모른 채 멍하게 있었다. 텅 빈 방 안을 둘러보았다. 어떻게 이런 일이 자신에게 일어났는지 이해할 수가 없었다. 지금껏 이처럼 마을이 공허해 보인 적이 없었다. 창문 쪽으로 다가갔다. 마놀로 가게의 불빛이 그를 조금은 진정시켰다. 부엌의 시계는 그의 귓전에까지 열한 번의 종소리를 울려 댔다. '열 한 시로구먼' 하고 생각했다. 믿지 않으려 노력했다. 아마도 옆 동네 축제에 갔을 수도 있다. 하지만 그는 자기 자신을 속이고 있다는 것을 잘 알고 있었다. 그녀는 친척도 없고, 이 시간이면 모든 여자가 집에서 지쳐 있는 가축을 돌보는 시간인 것도 잘 알고 있었다.

포기하기가 싫었다. 옷상자를 밀치고, 힘겹게 계단을 올라 그녀의 방으로 들어가서, 옷장 문을 열었다. 텅 빈 옷장이 그를 맞이했다. 그제야 현실을 받아들였다. 불도 켜지 않고 천천히 그의 방으로 돌아가서 침대에 쓰러졌다. 활짝 열려진 창으로 강물 소리가 들려왔다. 깊은 한숨을 내쉬었다. 멀리서 새가 노래했다.

* * *

새는 다시 노래했고, 얌전히 날갯짓을 하며 교회 건너편 쪽으로 날아올랐다. 앞마당을 지났다. 별빛 아래에서 새의 그림자가 필라르 집 앞을 지나며 넘실거렸다. 결국에는 강을 지나 아마도르의 지붕에 앉았다.

아마도르는 몸이 선명하게 보이는 얇은 이불 속에 가만히 누워 있는 그의 아들을 바라보았다. 침대 옆 의자 위에 손도 대지 않은 저녁 식사가 놓여 있었다.

"조금은 먹어야지."

"싫어요."

몸을 힘겹게 돌려서 옆으로 누웠다. 반짝이는 눈물이 흘러내렸고, 검디검은 그의 머리카락도 전등 빛에 반짝였다.

"왜 그러니?"

소년은 대답하지 않았다.

"먹고 싶지 않니?"

그가 원하는 것은 혼자 있는 것이었다. 아버지의 출현은 그가 침대에서 벌떡 일어나 땀에 젖어 침대에서만 나뒹구는데 지쳤다고 소리치고 싶을 정도로 그를 자극했다. 문이 닫혔을 때, 소리를 쳤다.

"불 좀 꺼요."

어둠 속에서 그의 불안감은 더욱 커져 갔다. 갑작스레 울고 싶은 마음이 솟아났다. '오늘 밤 죽어 버렸으면 좋으련만….' 하지만 이내 자기 생각에 놀랐다. 이불을 젖히고 움직이지 못하는 자신의 다리를 바라보았다. '더욱더 나빠지고 있어'라고 생각하며, 부드럽게 쓰다듬었다. 문 양쪽에 걸린 그림들을 바라보았다. 어둠 때문에 그림들이 보이지 않는 것은 문제가 되지 않았다. 왜냐하면 그는 자신의 기억 속에 색상이나 형태 등 그림의 세세한 부분까지 있기 때문이다. 어느 날 오후 아버지가 영화관에 데려다 준 날을 기억했다. 그러고 나서 도시의 의사가 그를 진찰했다. 노년의 의사는 아주 상냥했다. 그 의사가 빌려 준 휠체어 덕분에 영화관 복도에서 영화를 볼 수가 있었다.

옆방에서 자고 있는 아버지의 숨소리를 듣고 있었다. 아들에게 밥 먹이는 것에만 매달리고, 왜 최근에 말수가 줄어들었는지 알고 싶어 하고, 왜 그렇게 혼자만 있고 싶어 하는지 알고 싶어 하는 그의 아버지를 증오하기까지 했다.

"병이 나아질 거야. 이 의사는 너를 걷게 만들 거야."

식모는 아마도르의 말을 되풀이해서 중얼거렸다. 이 말에 지쳐 슬픔에 빠진 아마도르의 아들은 이들에게 방에서 나가 달라고 부탁했다. 그러고는 베개에 얼굴을 묻고 울곤 했다. 그날 오후에 창 밖에서 들리는 시냇물 소리와 큰 소리로 노래를 부르며 지나가는 사람들의 떠드는 소리는 그를 더욱 슬픔에 잠기게 했다.

옆방에서 들리는 삐걱거리는 소리는 자기 아버지도 잠을 못 들고 있다는 것을 알게 했다. 틀림없이 그를 생각하고 있었을 것이다. 예전에는 맹목적으로 자기 아버지를 따랐지만, 이제는 그를 미워한다. 왜 자기 병에 대해 거짓말을 했는지 알고 싶어 했다. 병이 고쳐질 것이라고 했지만, 시간이 지나도 나아지질 않았다.

영구 장애라는 말을 듣더라도 속아 지내는 것은 원하지 않았다. 진실을 알고 싶은 아주 강한 욕구가 있었다. 하지만 계속해서 들리는 말은 "이제는 나을 거야"라는 말뿐이었다. 식모도 의사도 "인내를 갖자"고만 한다. 마치 인내가 모든 병을 고쳐 주기라도 하듯이 말이다.

* * *

산 정상에서 의사가 눈을 떴을 때는 이미 해가 높이 떠 있었다. 의사는 마을로 내려왔다. 방에 필요한 것을 사기 위해 잡지를 살펴보고 있었다. 가볍고 얇은 소나무 재질의 마룻바닥은 밟고 지나가면 조금은 휘어졌다. 바닥의 나무판은 아주 잘 끼워져 있었지만, 아래층에서 나는 소리까지 매우 잘 들렸다. 부엌에 있는 소코로의 말소리도 잘 들렸고, 문 틈새로 그녀가 보이기까지 했다.

"너무 늦었나?"

그녀에게 물었다.

"마을에 해가 뜬 지가 한참 되었어요."

"지금 내려갈게."

아직 누워서 구름이 조금 낀 우윳빛 하늘을 창문을 통해 바라보고 있었다. 햇빛은 선명하게 빛나는 안개 사이로 펴져 있었다. 두 눈을 라일락 그림이 새겨진 커튼이 있는 하얀 벽에 고정했다. 짙은 황토색 선반이 하나 있었다. 대리석 판이 덮여 있고 바로크식 장식이 되어 있는 서랍장은 아주 깨끗했다.

일어나 세수했고, 수건으로 닦을 때는 얼굴이 따끔거리는 것을 느꼈다. 셔츠의 단추를 채우며 부엌으로 들어갔다.

"일어난 지 오래됐어?"

"조금 전에요."

빵과 아직 자르지 않은 커다란 버터 사이에서 뜨거운 커피는 연기를 내고 있었다. 소코로는 식탁 맞은편에 앉았다. 그곳에 앉아 있었다. 이제는 그의 여자가 되었다. 더는 돈 프루덴시오의 생각으로 괴로워할 필요가 없어졌다. 빵을 자르며 그녀를 천천히 바라보았다. 마치 애정 표현이라도 하듯 물끄러미 바라보았다.

"아침 식사는 했어?"

"예, 먹었어요."

"진짜로?"

"일어나자마자 먹었어요."

빵을 탁자 위에 놓으려 몸을 앞으로 구부릴 때 그녀의 가슴골이 조금 보였다. 그는 새삼 '이것이 삶이구나' 하고 생각했다. 가정, 부인 그리고 아이들….

누군가 창문을 두드렸다. 소코로는 창문을 열었고, 이사벨의 얼굴이 보였다. 그녀를 보았을 때 조금도 놀라지 않고 묻기만 했다.

"의사 선생님 계시니?"

"그래, 들어와."

이사벨은 안뜰을 지나 부엌으로 들어왔다.

"안녕하세요, 맛있게 드세요."

"안녕, 다리는 더 나빠졌나?"

"아니요. 이제는 괜찮아요. 선생님께 숭어 한 마리를 빚졌다고 하시고, 내일 시간이 되면 도구를 챙기시겠다고 하셨어요."

의사는 어떤 도구인지를 잘 알고 있었다. 허가증 없이 총을 갖고 있다가 민병대에게 걸리지 않을지 걱정이 되었다.

"선생님은 어떤 숭어인지 아세요?"

"치료를 하는 날, 나에게 뭐라 얘기는 했는데."

이사벨은 걱정이 되었다.

"그런데 왜 대낮에 고기를 잡으러 가신다는 것인지? 내 생각에 아버지는 평정심을 잃으셨나 봐요. 그날 밤 일로는 만족을 못하시는 것 같아요."

이사벨은 소코로를 보았지만, 그녀는 무슨 말인지 알아채지 못했다.

"이 강물은 언제나 마를지! 우리의 모든 불행은 숭어를 잡는다는 우리 아버지의 그 고집 때문이야."

"이사벨! 무슨 말이야."

소코로는 소리쳤다.

이제는 이사벨이 큰 소리로 대답했다.

"맞아. 그 고집 때문이야. 내 말이 맞아. 그건 고집이야. 경비원에게 잡히는 날이면, 십오 년 동안 갚아도 못 갚을 벌금을 우리에게 부과할 거야." 이사벨은 조금 진정을 하며 의사를 보며 이야기를 계속했다. "왜 우리 아버지에게 무슨 말이라도 해 주지 않으세요? 이제는 강에 들어가기에는 나이가 많다고 말해 주세요. 병이라도 들면 어쩌려고 그러는지! 선생님 말이라면 좀 들을 것 같아요."

"그렇게 생각하니?"

"겨울에 그 강물이 어떤지 선생님이 아신다면…. 아주 겁이 나요. 무섭다니까요."

의사는 남은 커피를 다 마시며, 변명하듯이 말을 이었다.

"내 말도 듣지 않을 거야. 하지만 가 보자."

의사는 일어났고, 이사벨은 그 뒤를 따랐다. 조금은 힘이 나는 듯했다.

"이해를 시켜 줄 수만 있다면…. 아주 무서운 병이 걸릴 거라 겁을 주세요."

이사벨은 소코로를 보았다.

"안녕, 소코로."

"잘 가."

잿빛 하늘은 금방이라도 비가 올 것만 같았다.

"쏟아지겠어요."

"소나기구름인가 봐요."

이사벨은 갑자기 울기 시작했다.

"탈곡장에 낟알들이 보이세요. 물에 다 젖을 겁니다. 그런데 아버지는 낚시를 가시겠대요."

의사는 뭐라 위로를 해야 할지 몰랐다. 이사벨은 앞치마로 눈물을 닦고, 안뜰에 도착해서는 어디론지 사라져 버렸다.

"뭐, 아침에 할 일이 있나요?"

알프레도는 의사에게 물었다. 의사는 잠시 생각했다.

"아니요."

"잠시만 기다리세요. 이번 탈곡만 하고요."

"다음 날 가는 것이 더 낫지 않을까요?"

"안 됩니다."

"왜요?"

"번개 때문에 그러시나요?"

"맞아요. 탈곡장의 모든 밀을 탈곡해야지요."

"무슨 밀요?"

"이것들요."

담장을 따라 가지런히 베어져 단으로 묶인 다발을 만졌다.

"그것은 라이보리예요."

침묵이 잠시 흘렀다. 의사는 혹시 알프레도가 이사벨과 자신이 나눈 대화에 대해 알고 있을까 하고 자문했다.

"오늘 가야만 합니다. 오늘처럼 구름이 낀 날에 가야 해요."

"아니면, 나오질 않아요."

"그놈들이 우리를 봐요."

옆집 탈곡장 담장 위로 안톤의 머리가 보였고, 이어서 팔이 보였다. 드디어 담장에 기대어 있는 모습이 보였다.

"그 숭어를 자네는 못 잡을 걸세."

알프레도는 새로이 나타난 대화자를 쳐다보았지만, 아무 말도 하지 않았다.

"그 물고기는 우리 모두보다 더 똑똑합니다. 낚시로 잡으려 했지만 미끼를 세 번이나 뱉어 버렸어요."

의사에게 말을 건넸다.

"낚시로는 아무것도 잡을 수 없어."

"그래서? 가스 폭탄도 해 보았고 몇 가지 더 시도를 했는지 알고 있잖아."

이제는 의사를 보며,

"전쟁 때에는 수류탄을 터뜨리고는 죽였다고 생각했지만, 몇 주 후에 다시 헤엄치고 다녔지요. 강 밑 어느 구멍에 숨어 있었던 것 같아요. 민병대원들도 잡으려고 했어요. 한 상사는 권총으로 쏘기까지 했지만 허사였습니다. 아, 이제는 아내가 뭐하는지 보러 가야겠어요."

안톤이 안으로 들어가고 난 후, 천둥소리가 산 쪽에서 들려왔다. 알프레도는 하늘을 바라봤다.

"이거 조금은 찜찜하네."

하지만 하늘은 금방이라도 번개가 칠 듯했고, 말들은 히힝 소리를 내며 쉬지 않고 계속 방아를 돌리고 있었다. 멀리서 닭이 언짢은 듯 울어 대는 소리가 들렸다. 알프레도는 짙은 구름을 가끔 쳐다보았다.

알프레도는 말을 밖으로 꺼내며, 이사벨을 불렀다.

"이사벨!"

그녀는 눈물을 깨끗이 닦고 단숨에 달려왔다.

"뭘 원하세요?"

"탈곡을 한 번 더 하련다. 말에게 탈곡기를 끌게 하고, 콘수엘로, 너는 줄을 잡고, 이사벨, 너는 콘스엘로가 지치면 네가 잡아라. 나는 금방 돌아온다."

그리고 집 담장 옆에 앉아서 알프레도의 행동을 지켜보던 의사에게 눈짓을 보냈다. 의사는 이사벨과 눈이 마주쳤지만, 어쩔 수 없다는 표정을 지었다.

두 사람은 덧문을 조심스럽게 닫고, 강 너머에 있는 선술집으로 향했다. 강 건너편에서 마을을 바라보는 순간 의사는 마을의 선술집에 도착한 첫날의 느낌을 다시 느꼈다. 당시 선술집에서 지낼 때는 소코로, 돈 프루덴시오, 그 어떤 마을 사람들도 알기 전이었다.

마놀로는 의사에게 새집이 괜찮은지 물어보았고, 그는 괜찮다고 대답했다. 하지만 소코로에 대해서는 묻지 않았다. 마놀로의 부인은 의사에게 무슨 말을 하려다 참고 그냥 바라보기만 했다. 그녀는 알프레도가 하는 말이 흥미로운 것처럼 그의 말에 귀를 기울였다. 그리곤 그를 단지 위험한 경계의 대상으로만 평가하려는 듯 바라보았다.

알프레도는 총을 언급할 때마다 조금은 우스꽝스럽게 '장비'라고 말했다. 하지만 마놀로는 마음의 결정을 내리기까지 시간이 걸렸다. 조금은 혼란스러운 듯 의사에게 도움을 청하며 그를 바라보았다. 의사는 금방이라도 쏟아지려는 소나기와 무더위에 말을 따라 원을 그리며 일하고 있을 알프레도의 두 딸 생각에 기분이 언짢아졌다.

드디어 마놀로는 투덜거리며 말했다. 그의 부인을 보고 있었지만, 자기 자신에게 하는 말이었다.

"나에게는 아주 위험한 짓이야. 만약 잡히기라도 하면, 우리는 최소한 20년은 감방에서 살아야 할 걸."

"내가 잡힌다고…."

"요즘 이런 날씨에 민병대도 산으로 간다고!"

"올라가라고 해."

"좋아, 이봐 가져와."

마놀로는 부인에게 말했다. 그의 부인은 총을 찾으러 안으로 들어갔다.

총을 찾으러 들어가는 부인을 보며 의사는 마놀로에게 나중에 뭐라고 충고할지 생각했다.

기름진 신문지에 말려 있는 총을 꺼내 들고, 서툴게 바닥을 향해 겨누었다. 그러고는 탁자 위에 가만히 내려놓았다.

"여기 있네."

알프레도는 총을 싼 신문지째로 셔츠 속에 넣고, 의사에게 말했다.

"갑시다."

마놀로 부부에게 인사하고 나서 밖으로 나왔다. 부인은 문에 두 눈을 고정하고 아무 말도 못했고, 마놀로는 간신히 인사를 건넸다.

"잘 가게."

길가로 나와서 서로는 아무 말도 하지 않고, 내리막길을 걸어 내려왔다. 마지막 집을 지나면서 의사는 건너편 쪽 돈 프루덴시오 집을 볼 수가 없었다. 발코니에서는 빛 하나 나오질 않아서 마치 빈 집인 듯했다.

굽어진 도로에 도착하면서, 알프레도는 왼쪽으로 방향을 바꾸었다. 가시철사로 덮여 있고, 반쯤 허물어진 토담을 뛰어넘어 옛길로 접어들었다. 옛길은 엉겅퀴가 무성한 길이고 마차가 지나갈 정도의 넓은 길이었다. 바퀴 자국이 평행선을 선명히 그려 놓았다. 이제는 강을 찾아 아랫길로 접어들었다. 이 둘이 건너려는 곳의 강바닥은 물살이 급한 브이 자형이었다. 선술집을 나와 처음으로 알프레도는 의사에게 말을 건넸다.

"이곳을 뭐라 부르는지 아세요?"

의사는 머리를 가로저으며 모른다고 했다.

"지옥이라 부릅니다."

그러고는 웃음을 지었다.

강물은 등 뒤로 세차게 흘러내려 갔다. 진흙과 물 냄새가 진동했고, 바람은 좁은 통에서 나오듯 세게 불었다. 하늘을 보았다. 강물처럼 하늘도 짙은 회색빛이었다. 단지 멀리 한 부분에 있는 하얀 구름이 눈에 들어왔다.

점차 부식이 되어 가고는 있지만 아직도 사람들이 건널 수 있는 부교 아래에는 강물이 원을 그리며 잠시 멈추었다. 조금 아래쪽으로 강물이 넓어지는 곳에서 의사는 5제곱미터도 안 되는 땅을 개간한 것을 보았다.

"여기는 누구 땅인가요?"

"마을의 것이지요."

"뭐가 나기는 하나요?"

"뭔가 건지기는 하지요."

의사는 자신의 아래에 있는 네 개의 작고 초라한 고랑이 파여 있는 좁디좁은 땅을 바라보았다. 이곳은 한 남자 혹은 한 여자를 여름 내내 힘든 노동에 시달리게 하지만 결국 동물이 다 먹어 버릴 수도 있다.

"이것은 누구의 것인가요?"

"이 땅은 안토니오의 것입니다."

"어제 결혼한 안토니오 말인가요?"

"예, 맞습니다."

"저쪽은요?"

"그것도 안토니오의 것인데요."

"모두 다 안토니오의 것인가요?"

"가난한 자는 척박한 땅이라도 만족해야 합니다."

의사는 가난한 마을의 가난한 자가 되는 것은 매우 슬픈 것이라 되새겼다. 그러곤 알프레도에게 안토니오는 왜 대장간에서 돈을 더 벌지 않느냐고 물었다.

"벌기는 하지만, 좋은 땅에서 한여름 버는 것이 대장간에서 삼 년 버는 것하고 같아요. 안토니오가 가진 땅은 가치가 별로 없어요. 게다가 아주 작은 땅이어서 이틀만 일해도 수확을 다 할 수 있어요. 앞으로 걱정이지요!"

"왜요? 결혼을 해서요?"

"이제 아이들이 생기기 시작하면 뻔하지요. 아이를 안 낳는 것이…."

"그래도 그렇지…."

알프레도는 뒤로 돌아보며 원한이라도 있듯이 의사를 똑바로 바라보았다.

"일생을 가난과 배고픔에 살라고요."

그의 목소리는 다리 밑에서 울려 퍼졌다. 의사는 몸을 기울여 강물을 바라보았고, 알프레도는 한쪽으로 비켜 있으라는 눈짓을 보냈다.

"이곳인가요?"

"예."

낮은 목소리로 대답했다.

강물은 푸른빛이 아주 짙어 거무스름하게 보였고, 하얀 거품이 있는 중앙에 큰 원을 그리며, 유유히 흐르고 있었다.

"얼마나 깊은가요?"
"알 수가 없어요."

알프레도는 움직이지 않고 있었다. 머리를 약간 세웠다가 급히 다시 몸을 굽혔고, 총구의 방향 쪽을 지켜보던 의사는 강물에 따라 흐르는 마치 곰팡이가 핀 나뭇가지 같은 기다란 검은 그림자를 보았다고 생각했다.

총성이 의사를 놀라게 했다. 재빨리 몸을 숙여 총을 다시 겨누는 알프레도를 보았다. 두 번의 총성이 다시 울렸고, 힘없이 두 팔을 떨어뜨렸다.

주변이 조용해졌을 때 의사는 소리를 쳤다.

"맞혔나요?"

알프레도는 낙담한 채 의사를 보며, 머리를 가로저었다. 총을 집어넣고 강물을 바라보고 있을 때 의사가 다가왔다.

"만약 맞혔다면, 올라오는데…."

의사는 한시라도 빨리 강에서 나가길 바랐다. 총소리가 그의 귓전에 울려 댔고, 이 총소리가 길가까지 안 들릴 거라고 믿는 알프레도를 이해하지 못했다.

"강이 깊으면 맞추기가 힘들어요. 굴절이 있거든요."

"굴절이라고요?"

"자, 이제 갑시다."

"방법이 없지요. 한 주 동안은 나오질 않을 테니."

비가 내리기 시작했다. 강은 작은 거품들이 일어 물이 끓는 것처럼 보였다. 길가로 오르기 위해 재빨리 기어오르기 시작했지만, 온몸이 다 젖을 만큼 빗줄기가 강해졌다. 알프레도는 투덜거렸다.

"비가 멈출 때를 기다려야 합니다. 다리 밑으로 갑시다."

화가 난 의사는 알프레도를 따라 다리 밑으로 몸을 피했다. 강물은 더 세차게 흘러갔다. 알프레도는 산 쪽에 더 많은 비가 왔을 것이라고 장담했다. 큰 소리를 내며 천둥소리가 울렸고, 공기 중으로는 풋풋한 흙냄새가 흩어졌다. 그는 검푸른 돌 이음새를 생각 없이 바라보았다.

* * *

암파로의 어머니는 산으로 간 소들을 걱정하며 암파로에게 그들을 데리고 오라고 한다. 암파로는 문 앞에서 비가 그치기를 기다린다. 이와는 반대로 소년들은 비를 맞으며 동네를 활보한다. 암파로는 이미 떠나

버린 외지인 생각에 잠시 빠져든다. 돌아오겠다는 그의 목소리가 그녀의 귓전에 맴돌았지만 그녀 역시 그가 돌아오리라고는 믿지 않는다. 그러곤 전쟁 때 돌아오겠다며 떠난 아버지를 생각했다.

두 사람은 마을로 돌아오는 길 중간쯤에 마놀로의 동생과 같은 이름을 갖은 마을 사람인 페페와 마주쳤다.

"소를 어디로 데려가나?"

페페는 수레를 끄는 소를 지나가게 했고, 소는 냄새를 맡으며, 배수관 근처의 가시나무 쪽으로 가 버렸다.

"독감이라도 걸린 것인지 모르겠어요?"

둘은 소의 아픈 다리를 바라보았다. 의사는 호기심이 생겨 소에게 가까이 다가갔다. 소의 발굽은 반쯤 풀려 있었다.

"작년에도 독감이 있었는데…."

알프레도는 걱정스러운 표정을 지으며 의사에게 말했다.

"그곳까지 참고 갈 수 있을 거라고 생각하나요?"

"다른 방법도 없잖아요!"

이야기를 하는 동안 소는 움직이기 시작했고, 페페는 힘들게 걷기 시작하는 소의 엉덩이를 툭툭 쳤다. 페페가 떠난 후에 의사는 알프레도에게 물었다.

"소를 수의사에게 데려가는 건가요?"

전염병이면 어쩌나 하는 생각에 잠긴 알프레도는 걱정하

기 시작했다.

"아마도 불쌍한 소들이 어떤 상태인지를 보았다면, 생살을 뚫고 있는 발톱 때문에 일을 하라고도 못할 겁니다."

의사는 다시 알프레도에게 물었다.

"예, 수의사에게 갈 겁니다."

알프레도는 대답했다.

"만약 그것에 걸렸다면, 다른 마을에도 전염시킬 텐데…."

"독감은 항상 아랫마을에서 옵니다. 그 소가 독감이라면, 아랫마을에도 독감이 퍼졌을 겁니다."

"그건 그렇고 왜 수의사가 여기까지 오질 않나요?"

알프레도는 어깨를 움츠렸다.

"이곳으로는 절대로 오질 않아요."

"전화해 본 적은 있나요?"

"뭐 하려고요? 오지도 않을 텐데."

침묵이 흘렀다. 생각에 잠긴 알프레도는 숭어와 총을 잠시 잊고 있었다. 한참 동안 생각을 정리한 후에는 한 가지씩 묻기 시작했다.

"제 어머니가 뭐라고 하셨는지 아세요?"

"모르겠는데요."

"당신들처럼 도시 사람들은 가난한 사람들의 돈을 빼앗

기 위해 공부를 한다고 했어요."

의사는 미소를 머금고 대답했다.

"지금은 반대 아닌가요?"

알프레도는 바지 주머니에서 단도를 꺼내 가지가 처져 있는 버들나무 가지를 자르며 말을 이었다.

"참! 그렇게 생각하지 마세요. 물론 아무런 이득 없이 공부를 하지는 않지만, 아무튼 공부를 했다면 이곳에 있지 않을 겁니다."

그러고는 마을을 둘러싼 두 줄기 산들을 가리켰다.

"아니면 의사 선생님은 여기를 좋아하나요?"

의사는 뭐라 대답을 하지 못하다가 이렇게 말했다.

"모르겠어요. 아직은 잘 모르겠네요."

"선생님이 오시기 전 이곳에 있었던 다른 의사 분은 일 년 남짓 계셨어요. 하루 종일 공부만 했어요. 다른 병원에서 자리를 얻었을 때 의사 부인이 얼마나 좋아하던지…."

맞장구를 치려는 요량으로 간단히 거들었다.

"돈 훌리앙 선생님이죠."

"선생님은 그분과 좀 다른 것 같아요!"

의사는 이곳에서 일 년을 머물지 아니면 평생을 머물지 알 수가 없었다. 왜냐하면 마을에 정이 들지 아니면 싫어할지를 알기에는 마을에 머문 시간이 너무 적었다.

문 앞에서 두 여자와 작별 인사를 하는 안톤을 보았다. 한 여자는 중년쯤 되어 보이고, 다른 여자는 어깨에 자루를 짊어진 젊은 여자였다. 두 여자는 마을에 불이 났다는 둥 아니면 날씨가 나빠서 수확이 망쳤다는 둥 하며 매년 강낭콩이나 감자 아니면 줄 수 있는 무엇이든 빌리러 온다고 설명했다.

"매년 다른 핑계를 대며 찾아옵니다."

"그럼 뭘 주기는 합니까?"

'다른 방법이 없지요'라는 표정으로 어깨를 추켜올리며 말을 이었다.

"예, 줍니다. 우리 마을에만 오는 것이 아니라, 다른 마을에도 갑니다. 그러고는 모두 모아서 팔아요."

두 여자는 필라르의 집 앞에 멈추었다. 잠시 멈추었다가 안뜰로 들어가서 문을 두드렸다. 흐느끼는 듯 힘없는 말투로 말을 이었다.

"아베마리아!"

아무런 대답이 없었다. 의사와 알프레도는 가던 길을 멈추었다. 다시금 부르는 소리가 났다.

"아베마리아!"

안뜰 반대편에서 팔을 걷어붙인 필라르가 나타났다.

"누구세요? 뭘 원하세요?"

마치 홈집이 생긴 전축 판이 튀어서 똑같은 소리를 내듯이 매년 하는 이야기를 필라르에게 쏟아부었다.

　"하나님! 하늘에서 떨어지는 자갈을 피하게 해 주시고, 자식을 낳게 해 주시고, 이들을 키울 수 있게 금은보화를 주시고, 또한 이들이 커 가는 모습을 보게 해 주세요. 우리는 판디에요에서 왔습니다. 그곳에는 수확을 망쳐서 먹을 것이 없습니다. 아이들이 배고픔에 죽어 가고 있어요. 자비를 베풀어 주세요. 부인은 부자이시고 저희는 잘 곳도 없고 매일 먹을 빵도 사지 못하는 가난한 사람들입니다."

　흔들림 없는 두 눈은 필라르의 마음 깊은 속까지 뚫어 보고 있었다. 필라르는 두 여인을 찬찬히 바라보았다. 두 여인은 슬픔에 찬 표정을 짓고 있었다. 알프레도 역시 두 여자를 찬찬히 바라보고 있었다. 비록 두 번째 듣는 이야기이기는 했지만 측은한 마음이 들었다. 필라르는 방금 캔 작은 감자를 앞치마에 한 가득 갖고 와서, 자루에 집어넣었다. 기다렸다는 듯이 자동적으로 녹음기를 튼 것처럼 같은 말을 되풀이했다.

　알프레도는 정신을 차렸다.

　"어쨌든 안 될 일이야."

　필라르의 목소리가 들리기 전까지 몇 발자국을 걸었다.

　"잠깐 들어오지 않을래요?"

의사는 머뭇거렸지만 알프레도는 안으로 들어가 버렸다. 하는 수 없이 의사도 집 안으로 들어갔다. 필라르는 문 앞에서 의사에게 말을 건넸다.

"이쪽으로 와서 살 것이라고는 생각하지 못했어요. 우리 쪽으로 이사하기를 잘하셨어요. 훨씬 좋은 곳입니다. 안 그래요? 알프레도 씨!"

알프레도는 자기 잔에 채워지는 와인을 보며 대답했다.

"그래요. 맞아요. 이쪽이 좋지요."

와인 창고 안의 천장에는 마늘, 말린 고기, 고추 등이 매달려 있었다. 창고 안쪽 끝에는 난로가 피워져 있었지만 공기는 서늘했다. 와인 냄새와 생선 냄새도 풍기고 있었다. 필라르는 의사에게 의자 하나를 가져왔고, 알프레도는 아까부터 손에 쥐고 있는 와인 잔을 들고 천에 감싸인 총을 한쪽으로 치워 놓고 나무 상자에 앉았다.

"잡기는 했나요?"

난로 옆에 가만히 앉아 있던 암파로가 물었다.

"못 잡았어."

"없었나요?"

필라르는 의사에게 물었지만, 의사는 뭐라 할 말을 찾지 못했고, 알프레도가 계속 대답했다.

"보기는 했지요."

의사는 필라르를 쳐다보았지만, 그녀의 눈빛은 불편한 심기를 내보였다. 왜냐하면 그는 그 순간에 소코로를 생각하고 있었기 때문이다. 마치 마놀로의 부인이 그랬던 것처럼 그녀의 두 눈은 조심스럽게 그를 주시하고 있었다. 사람의 가치에 가격이라도 매기듯이 어떤 검사라도 하는 것처럼 보였다. 그러고는 일어나서 빵이 잘 구워지는지를 보았다.

* * *

마을 아이들이 강가에서 수영을 하며 놀고 있고, 아스투리아스에서 온 사람들과 마주친다. 이들은 마을의 선술집을 묻고 그곳으로 향한다. 이들은 마놀로에게 하룻밤 숙박을 예약하고 노래하며 술을 마셨다.

* * *

길 반대편 쪽으로 발걸음 소리가 들렸다. 안톤은 눈을 올려 저 멀리 있는 담배 불을 바라보았다. 돈 프루덴시오는 일찍 자고 일어나기 때문에 자기 전에 그를 보기 위해 다시 발걸음을 재촉했다. 잰걸음으로 길을 건너 걸었고, 한동안 보지 못했던 작은 소용돌이 바람이 일어났다.

집은 불도 꺼져 있고 조용했다. 작은 자갈들로 깔린 안뜰을 무작정 밟고 지나갔다. 강아지는 발뒤꿈치에 붙어 따라왔다. 성냥 하나를 켜고 문을 두드렸다. 아마 벌써 주무시고 있을는지도 모른다. 만약 깨우면 화를 내시겠지? 이번에도 대답이 없으면, 내일 다시 와야겠어! 다시 문을 두드렸으나 조용했다. 담배를 하나 물었고, 졸고 있는 강아지는 문틀에 앉아 그를 바라보았다. 소코로는 의사와 함께 있다고 필라르에게서 들었다. 돈 프루덴시오는 여러 마을에서 아는 사람이 많기 때문에 그녀를 대체할 여자를 데려올 것이다. 아마도 더 나은 여자를 데려올 것이다. 옅은 불빛이 새 나왔다. '주무시고 계실까?' 문을 밀었을 때 문이 힘없이 열렸다. 그는 집에 있는 듯했다.

"돈 프루덴시오, 어르신!"

부르는 소리는 문 앞에서 계단을 따라서 위층의 방 안까지 들렸다.

"누군가?"

다시 한 번 두려움을 느꼈다. 노인은 깨어 있었다. '내 인기척을 이미 느끼고 있었지만, 대답을 하지 않은 것이다.' 이렇게 된 이상 올라가는 수밖에 없었다.

"저는 안톤입니다. 뵈러 왔는데 힘드시다면…."

"올라오게."

다른 방법이 없었다. 불을 켰고 그가 알고 있던 집 안이 눈에 들어와서 조금은 안정이 되었다. 벽에는 항상 보았던 투박한 옷걸이가 있었고, 낫 몇 가지와 연장 그리고 밧줄도 보였다. 돈 프루덴시오가 빌려 주지 않은 밭에서 그의 하인들과 썼던 오래된 긴 낫도 보였다.

"어디 계세요?"

돈 프루덴시오는 재킷만 벗은 채 침대에 누워 있었다.

"어디 아프세요?"

"아닐세. 뭣 때문에 왔나?"

야위고 하얀 턱에 수염이 듬성듬성 나 있으며, 슬픔에 차 있는 듯 움푹 팬 두 눈을 하고 있는 조금은 낯선 노인의 얼굴을 다시 바라보았다.

방 안에는 땀 냄새와 음식 냄새가 뒤섞여 있었다.

"문을 좀 열게요."

"그러면 불을 끄게나."

조금 후 공기가 바뀌어 숨 쉬기가 편해졌다. 밖에서 습한 공기가 들어왔고 시냇물 소리가 들렸다.

"어르신, 편찮으세요? 의사를 부를까요? 아니면 제 아내를 부를까요?"

돈 프루덴시오는 아무런 대답을 하지 않았다. 단지 하얀 셔츠의 소매가 손목까지 덮여 있는 그의 팔만 보일 뿐이었다. 모자를 벗은 머리는 더욱 희게 보였다. 베개에 눌린 머리카락을 하고 눈은 천장을 바라보았다. 창문 밖에는 알 수 없는 두 남자의 목소리가 들려왔다. 이들의 목소리는 그들이 멀리 멀어질 때까지 들려왔고, 이후 방 안에는 아주 무겁고 침울한 침묵이 흘렀다. 안톤은 접시를 들고 창문으로 가서 남은 음식을 밖으로 던져 버렸다. 강 건너편에는 길 잃은 소가 거닐고 있었다. 아마도르의 집 문이 불빛을 내며 열렸고, 밤바람을 타고 대화 소리가 작게 들렸다. 밖에서 들어오는 옅은 불빛에 보이는 돈 프루덴시오는 잠이 든 것처럼 보였다. 안톤은 조심스럽게 다가가서 그의 입에서 흘러나오는 숨소리를 들었다. 죽을 것이라 잠시 생각했지만, 노인은 안톤의 인기척을 느꼈다. 두 눈을 천천히 뜨고, 그를 바라보았다. 이때 안톤은 전율 같은 것을 느꼈다.

* * *

의사는 새벽부터 찾아온 목동 두 명에게 이끌려 환자가 있는 산으로 치료하러 간다. 환자가 있는 곳까지 가면서, 목동들과 그들의 일에 대해 물었다. 이들은 5월부터 10월까지 계약으로 일하고 있고, 농사를 짓는 것만큼이나 고된 일이라고 의사에게 설명한다. 환자가 있는 숙소에 도착한 의사는 폐렴에 걸린 젊은이를 진찰한다. 그리고 환자를 돌보려 하

룻밤을 묵을 것이라고 다른 목동들에게 전한다.

 의사는 폐렴 환자를 치료하고 마을로 내려오고 있었다. 마을로 향하는 길로 접어들었을 때는 선선한 바람이 그의 등 뒤로 불고 있었고, 그를 태운 말도 경쾌한 걸음으로 가고 있었다. 하지만 이내 다른 말에서 나는 종소리를 듣고 걸음을 멈추었다. 다른 말의 마부는 말에게 길을 재촉했고, 마부 뒤로는 한 사람이 손이 등 뒤로 묶인 채 걷고 있었다. 흐릿한 그의 형상을 보며 무슨 죄를 지었을까 하고 생각했다. 가까이 다가왔을 때 의사는 그를 알아보았다. 점점 어두워지는 시간이기는 했지만, 낡고 찢어진 신발, 줄무늬 재킷, 쇠 안경테를 보자 누구인지를 확실히 알아챘다. 또한, 그의 눈 주변에 멍이 있는 것도 보였다.

 마부는 죄인에게 뭐라 소리를 쳤다. 죄인은 의사를 보았지만 아무 말도 하지 않았고, 의사도 마부에게 죄인을 알고 있다고 말하지 않았다.

"안녕하세요?"
"마을로 가나요?"
"예"
"무슨 일인가요? 나는 마을 의사입니다."

 마부는 보면 알 거라는 듯 간단히 대답했다.

"아, 예."

"지금 다친 사람을 데리고 가고 있는 것 아시나요?"

마부는 아무런 대답을 하지 않았다. 그 죄인의 시퍼렇게 피멍이 들고 부은 얼굴과 찢어진 옷 등으로 볼 때 조금 전에 뭇매를 맞은 것이 분명했다. 의사는 다시 물어보았다.

"무슨 일인가요?"

"사기를 쳤습니다. 이 사기꾼을 보세요."

"어떻게 알았습니까?"

마부는 계속되는 질문에 신경질적으로 대답했다.

"아랫마을 민병대원들이 전문을 보냈습니다."

의사는 시청에 있는 민병대원들이 전보 타전기를 보유하고 있는 것을 상기했다. 마부는 다시 가던 길을 재촉했고, 의사는 아무런 말 없이 그 옆을 따라갔다.

"민병대원이 있는 마을까지 얼마나 떨어져 있나요?"

"25나 30킬로 정도요."

의사는 다시 한 번 사기꾼의 다 헐은 신발과 피에 뒤범벅이 된 채 이마에 붙은 머리카락을 보았다. 말의 걸음걸이를 따라잡느라 꽤 힘들어 보였지만 불평도 없이 걷고 있었다.

"그 마을까지 못 견딜 것 같네요."

마부는 대답도 없이 죄인을 쳐다보았다. 그가 쓰러진다면 일으켜 세울 터이고, 그래도 쓰러진다면 자루처럼 말에

엎혀 버릴 기세였다. 의사는 그것을 짐작하고 있었다. 앞으로의 일보다는 그 사기꾼이 얻어맞은 상처가 눈에 보였다. 그리고 마을들을 지날 때마다 그가 치를 고초를 생각했다. 아마도르를 떠올렸다. 아마도르가 무방비 상태의 사람을 때릴 수 있을까? 의사는 민병대원들이 먼저 나타나기를 고대했다.

마을까지의 거리는 점점 더 가까워지고 있었다. 한 마리 개가 짖으면 모든 개들이 짖을 테고, 그러면 모두 깨어날 것이다. 아니면 이미 소식을 듣고 이 사기꾼을 기다리고 있을는지도 모른다. 죄인의 얼굴을 보며, 안톤, 발타사르, 마르틴의 아들 그리고 모은 돈 모두를 맡긴 새신랑들의 얼굴을 떠올렸다. 피멍이 든 사기꾼은 점점 두려운 생각이 들었다. 몇 년간 고생해서 모은 돈의 주인들의 노여움과 분노가 느껴지는 듯했다.

"잠깐만 기다려 보세요."

마부는 기분 나쁜 표정을 지으며, 의사를 쏘아보았다. 그러고는 윽박지르듯이 의사에 말했다.

"이제는 뭘 원하시오?"

"나에게 그를 넘기시오. 나는 이 마을 의사이니, 나에게 그를 인계하면 당신의 임무는 끝나는 것 아닙니까? 내일 그를 민병대원들에게 인계하지요."

마부는 고민했다. 마을 누군가에게 인계를 해야 하기는 하는데, 이장인 아마도르에게 넘기는 것이 순리인 것 같지만, 누구라고는 그에게 말하지는 않았기 때문이다. 사기꾼은 이 둘 사이에서 가만히 듣고만 있었다. 이내 마부는 결정했다.

"좋습니다. 당신이 책임을 지십시오. 당신은 의사이니 책임 있게 하시리라 봅니다."

마부는 사기꾼과 의사를 번갈아 요상한 눈길로 쳐다보다가 밧줄을 땅바닥에 던져 버렸다. 그리고 말 머리를 돌려 오던 길로 재빠르게 사라져 버렸다.

이제 남은 둘은 아무런 말을 하지 않았다. 어리둥절한 죄인은 겁에 질려 새로운 주인의 명령을 기다리고 있었다. 근처를 지나던 개가 짖어 댔다.

"오르시오."

어찌 된 영문인지 모르는 사기꾼은 멍하니 의사를 바라보았다. 그의 눈에는 삶의 의지가 전혀 보이지 않았다. 지칠 대로 지친 그는 아무런 표정 없이 주위를 둘러보고 있었다. 말에 오르려 했지만, 뒤로 손이 묶여 있어서 불가능했다.

"이렇게는 못 오릅니다."

의사는 말에서 내려 그를 도왔다. 그리고 자신도 말에 오른 뒤 말을 천천히 몰아 마을로 향했다. 말에 오른 죄인은 편안함을 느꼈다. 가끔 말에서 떨어질 듯 흔들릴 때면 의사는 허리춤을 꽉 쥐어 그를 바로 세웠다. 땀과 피 냄새가 났다. 그는 고통스러워하고 있지만, 많은 사람들은 이 죄인 때문에 고통스러워할 것이다.

"여기 있다."
누군가가 소리를 쳤고 모두 모여들었다. 그리고 그 사기꾼 뒤에 있는 의사를 발견했다.
"아니, 의사 선생님!"
마을 사람들은 이상한 듯 중얼거렸다.
"제가 이자를 책임지기로 했습니다."
하지만 누구도 이해가 가질 않았고, 모든 것이 혼란스러워 보였다. 안톤의 목소리가 들려 왔다.
"왜지요?"
"왜냐하면 이자를 치료해야 하기 때문입니다. 윗마을에서 이자를 폭행했습니다."
누군가가 등불 하나를 죄인의 얼굴에 가까이 댔다. 죄인은 본능적으로 얼굴을 돌렸다. 그러곤 굵은 목소리가 들려 왔다.
"우리에게 그를 넘기시오."
등불 주변으로 여러 명의 얼굴들이 모여들었다. 전보다

는 더 거칠게 안톤이 재차 말을 내뱉었다.

"당신은 여기서 그 누구도 아닙니다."

"내가 뭐라고요?"

"당신은 이곳에서 그 누구도 아니라고요!"

의사는 놀라지 않았다. 그런 말을 기다리고 있었다. 잠시 생각에 빠졌다. 그러는 동안 그의 심장은 빠르게 뛰었고, 머리는 매우 복잡해졌다.

"이자를 치료한 후에 아마도르에게 인계할 것입니다."

하지만 마을 사람은 이것이 거짓말이라는 것을 알고 있었다. 사기꾼의 팔을 잡아당기며 의사에게서 떼어 놓으려 했다.

"자! 이놈과 함께 저쪽으로 갑시다."

쏟아지는 욕설에 죄인은 몸을 움츠렸다. 두 손으로 얼굴을 감싸고 있었지만, 어디선가 날아오는 긴 막대가 그의 뒤통수를 칠 때는 어쩔 도리가 없었다. 계속해서 분노가 섞인 욕설이 들려왔다. 마을 사람들은 의사를 보며 그가 왜 그 사기꾼과 함께 있는지 이해를 하지 못했다. 의사의 눈에 알프레도의 모습이 들어왔다. 그리고 그는 의사에게 마치 '당신은 그 놈과 뭘 하시오? 당신이 그놈과 무슨 관련이 있소? 왜 이 문제에 끼어드는 것이오?'라고 묻는 듯했다. 의사는 말을 재촉해 분노에 싸여 있는 마을 사람들 사이로 빠져나가는

데, 발타사르의 외침이 들려왔다.

"당신이 원하는 대로는 안 될 겁니다."

소코로는 다친 외지인을 보자 깜짝 놀랐지만, 곧 뜨거운 물과 붕대를 가져왔다. 의사를 도와 머리의 상처를 치료하는 것을 도와주었다.

"자, 이제는 좀 쉬시오."

외지인은 강가 쪽으로 난 방에 누워 있었다. 의사는 불을 끄고, 창문을 열어 두었다.

"어디서 붙잡혔나요?"

한참 후에 대답했지만, 의사는 그 마을이 어디인지는 몰랐다. 그의 목소리는 지쳐 있었다.

"그곳에서 이렇게 만들었나요?"

정신을 차리려고 애를 쓰고 있었다. 코냑의 알코올 기운이 온몸으로 퍼져 가는 것이 느껴졌다.

"저는 괜찮습니다."

"몇 개 마을에서 일을 저질렀나요?"

"언젠가는 이렇게 될 줄 알았지요. 여러 군데입니다."

"이 지방 모두?"

"이제 의사 선생님은 마을 사람의 원성을 받을 겁니다. 그들이 원하면 쫓아낼 수도 있습니다. 그 사람들은 그럴 수 있어요. 잘 아시잖아요."

"당신도 이곳 출신은 아니지요?"

"이 지방 사람들은 모두 비슷해요."

한동안 가만히 있어서 의사는 그가 잠이 든 줄 알고 있었다. 하지만 이내 다시 말을 이었다.

"담배 있나요?"

의사는 담배에 불을 붙여 주었다.

"선생님 돈은 없지요?"

"어디에요?"

"선생님은 믿지 않으셨지요. 그 선술집 동생도 믿지를 않았어요."

"나는 돈이 없어요."

"선생님은 믿지를 않았어요. 다른 사람들과는 다르지요. 도시에서는 계획을 더 치밀하게 짭니다. 거기선 괜찮은 사업이지요."

"무슨 사업을 말하나요? 이런 사기 말입니까?"

외지인은 더는 말을 하지 않았다. 방 안에는 강물 소리만이 들렸다.

* * *

민병대원들은 새벽부터 마을로 왔다. 한 시간 후에 돈 프루덴시오는 수갑이 채워진 채 민병대원들과 함께 떠나는 외지인을 바라보았다.

텃밭에 등나무 의자 하나를 꺼냈다. 이곳에서는 도로를 한눈에 볼 수가 있었다. 이제는 예전처럼 발코니에는 나가지 않았다. 마을 사람들의 눈을 피해 산 쪽을 바라보려 이곳에 나오기 시작했다. 가끔씩 오후 시간에 안톤의 모습만이 보일 뿐이었다.

"안녕하세요, 어르신. 이제는 예전의 모습이 아니시네요."

노인은 조용히 바라만 보았다. 하지만 이장 비서인 안톤은 개의치 않고, 조언을 한답시고 계속 자기 생각을 돈 프루덴시오에게 늘어놓았다.

"이제 어르신이 하실 일은 소코로를 잊어버리고 다른 아이를 데려오는 겁니다. 어르신 나이에는 혼자 계시는 것보다는 누구라도 함께 있어야 합니다. 무슨 일이 벌어질 줄 누가 압니까?"

예전에는 꿈에도 생각하지 못할 말들을 늘어놓는 안톤을 보며 억누를 수 없는 증오가 밀려왔다. 예전과는 다르겠지만 그를 제압하는 것은 쉬운 일이었으나, 조용하게 그에게 한 가지 질문을 던졌다.

"내가 몇 살로 보이나?"

안톤은 숫자 하나를 내뱉기는 했지만, 이 둘 중 누구도 그 숫자는 중요하지 않다는 것을 알고 있었다. 왜냐하면 돈 프루덴시오를 아프게 만드는 것은 나이 때문이 아니라 마음의 상처라는 것을 두 사람은 잘 알고 있기 때문이다.

돈 프루덴시오는 그의 몸을 구석구석 살피는 안톤의 시선을 느꼈다. 그의 두 눈에는 무언가를 밝혀내려는 듯한 눈빛이 있었고, 환자에게서 병의 근원을 찾아내려는 거리낌 없는 과학자의 눈빛과도 같았다. 건강 상태에 대해 물어보고 있었고, 돈 프루덴시오는 이내 안톤이 선술집에서 자기에 대해 떠벌리겠다는 것을 쉽게 알아차렸다. 안톤에게서 자신의 죽음을 기다리는 마을 전체 주민의 마음을 읽을 수가 있었다.

날이 지나가면서, 어린 시절이 선명하게 떠올랐다. 매일 아침 그 시절에 들었던 노래를 기억해 내려고 하거나, 50년 전의 마을이 어떠했는지를 떠올리며 지냈다. 또한 이미 죽고 없는 사촌의 얼굴을 생각하려 하다가 지루해져 버렸다. 이제는 버려진 텃밭과 삭막하게 보이는 산 쪽으로 눈을 돌렸다. 안톤과 그의 부인 이외에는 그를 찾는 사람이 없었다. 소코로를 잊으려고 애를 쓰고 있었다. 처음 며칠은 무척 힘이 들었지만 조금씩 그녀를 생각하지 않는 시간이 길어지고 있었다. 이제는 생각하지도 못한 상황에서 그녀와 단둘이 만나게 되는 것이 오히려 두려워졌다. 하지만 이런 가정은 이루어지기 힘든 경우라는 것을 알고 있기에 많이 걱정하지는 않았다. 의사에게 주라던 소견서는 그의 가방에 그대로 있었다. 의사를 미워하는 것은 확실했다. 안톤과 그 무리를 대하는 그런 무시가 섞인 것이 아니라 마음속 깊숙이 우러나오는 진정한 증오였다. 예전이었으면 당연히 응징했을 터였다.

조금씩 그의 생각 속에서 죽음이라는 것이 떠오르기 시작했다. 그리고 나중에는 자기의 이러한 생각에 놀라곤 했다. 시간이 지나 평온을 찾은 후에는 쓰러져 잠이 들곤 했다. 하지만 깨어난 후에는 모든 잡념을 잊어버렸다. 마치 아직은 죽을 때가 아닌 것처럼 잠에서 깨어났다. 하지만 이것도 잠시 결국에는 죽음에 대한 생각에 다시 사로잡혔다.

왼쪽 가슴에 통증을 느끼기 시작했다. 자세를 바꾸었지만, 가슴의 통증은 계속 지속되었고, 등에도 통증이 느껴졌다. 그리고 더욱더 심한 고통으로 숨이 막혀 오고 기절해 침대에 쓰러져 버리곤 했다. 자기 몸을 일으켜 세우려 했지만 역부족이었다. 또한 그의 자존심 때문에 안톤이나 그의 아내에게 도움을 청하지도 못했다. 마을 사람들에게 자신이 죽어 가고 있다고 알리고 나면 그 의사를 데려오는 것이 더 그의 자존심을 밟아 버리기 때문이다. 자신을 낮게 할 수 있는 유일한 사람이 자기를 이렇게 아프게 만든 자인 것이다.

이러한 번뇌의 순간에 그는 동생을 생각했다. 도시에 있는 병원에 자기가 갈 것을 알고 있는 상황에서 자신에게 한 마디 말도 엽서 한 장도 남기지 않고 떠나가 버린 동생을 생각했다. 오래전부터 그의 동생의 말투에서 자기를 멀리하려 한다는 것을 느끼고 있었지만, 그때는 자기가 남들을 믿지 못하는 성격 때문이라고 여겼다. 지금 다시 그때를 회상하며 자기를 멀리하던 동생의 행동들을 이해하기 시작했다.

안뜰에서 발자국 소리와 페페의 목소리가 들려왔다.

"돈 프루덴시오, 어르신."

"나는 뒤편 텃밭에 있네."

손에 편지를 들고 페페가 왔다.

멀리서도 은행에서 보낸 파란 봉투를 알아보았다. 3개월마다 보내오는 은행 잔고임을 알고 있었다. 고맙다는 말을 하고 봉투는 열어 보지도 않았다. 페페는 형식적인 인사만 하고 나와 버렸다.

태양은 하늘 꼭대기에 자리했고, 언제나처럼 점심시간에는 마을이 아주 조용했다. 돈 프루덴시오가 스프링이 달린 문을 닫으려 할 때 마치 어떤 나쁜 징조를 보이듯 손이 끼었다. 그리고 집 안으로 들어서서는 복도 안으로 들어오는 햇빛 때문에 모자를 고쳐 써야만 했다.

페페는 다리 건너의 선술집으로 향했다. 그곳에서는 세 명의 여인들이 보급 물품들을 주워 담고 있었다. 탁자 위 작은 봉지에는 쌀, 비누 그리고 반 통 정도의 기름이 담겨지고 있었다. 예전에는 마놀로 부인은 그녀들과 수다를 떨었고, 가끔은 마놀로도 끼어들어 농담을 하곤 했지만, 지금은 웃음도 없고 수다 소리도 들리지 않았다. 모두 굳은 얼굴 표정으로 하던 일을 빨리 끝내려고 했다. 페페가 도착했을 때는 이미 식탁에 그의 점심이 차려져 있었다.

"안 오는 줄 알았어."

"이제 두 시인데."

"두 시 반이야."

"반이라고?"

"몇 시이든 중요하지 않아. 마냥 쏘다니다가 점심도 못 먹을 수가 있어."

페페는 혼자서 웃음을 지었다. 외지인 사건의 내막을 알고부터는 마을 사람들이 그가 던지는 말에 귀를 기울이는 듯했다. 또한 모두가 돈 프루덴시오와 페페만이 사기를 모면했다는 것을 알고 있었다. 페페는 이러한 상황을 은근히 즐기는 모습이었다. 다른 사람들은 그 사기꾼이 떠나 버렸기 때문에 만회할 기회도 없고, 싸움도 할 수 없다. 이제 모두 좋든 싫든 페페의 말이 맞았고, 그의 통찰력이 옳았다는 것을 알게 되었다. 그의 형이 돈을 빌려만 준다면 도시에서 사업을 하며 그의 꿈을 이룰 수 있으리라 생각을 하게 되었다. 대도시의 멋진 곳에서 세련된 사람들과 사업을 하며, 휴가 때 새 양복과 비단 셔츠를 입고 마을로 와서 그동안의 이야기를 마을 사람들에게 들려줄 것이다.

"칠백"
"우리는 천이야!"
"아이고, 어떻게 그런 사람이 있을 수 있지!"
"다른 마을은?"
"다른 마을도?"
"그럼 우리한테만 사기를 치러 온 줄로 알아?"
"이런, 못된 놈이야. 시아버님께 이 이야기를 해야겠어."
"긁어 부스럼 만들려고. 모르시는 것이 백 번 나아."
"우리에게는 하나도 되돌려주지 않아?"
"돌려주기는 뭘 돌려주겠어!"
"글쎄, 누구를 원망해야 할지 모르겠어."
"그럼 우리에게 준 그 서류들은?"
"아궁이에나 처넣어야지, 무슨 쓸모가 있겠어."
"하느님, 이것은 너무나 큰 형벌입니다."

페페는 식사하며 여자들의 푸념을 듣고 있었다. 목에는 손수건을 두르고, 여자들이 보급품을 담고 슬픈 표정을 하며 햇볕이 내리쬐는 밖으로 나가는 것을 바라보았다.

걱정하며 도로변 쪽으로 걸어가면서 배수구를 따라 반대편에서 오는 의사와 마주쳤다. 여자들은 그를 못 본 척할 요량으로 하던 말을 멈추었는데, 의사도 역시 그녀들을 바라보지 않았다. 이미 발타사르 집 앞에서 같은 일이 벌어졌기 때문이다.

의사는 새벽까지 잠을 청하면서 거의 밤을 지새운 덕분에 늦게 잠에서 깨어났다. 살구꽃이 있는 안뜰로 나갔을 때 발타사르도 수레를 끌고 지나갔다. 어젯밤 잠 못 든 일을 이야기하려 그에게 인사를 했지만 그는 쳐다보지도 않고 집으로 들어가 버렸다.

하는 수 없이 집으로 들어와서 소코로에게 이 일을 이야기했다.

"그것은 큰일도 아니에요."

"큰일? 더 큰일은 뭔데?"

그다음 날에 모든 것을 알게 되었다. 소코로는 누구에게도 버터, 강낭콩 등을 살 수 없었다. '이렇게 나를 쫓아내려 하는구나' 하고 생각했다.

"암파로에게는 가 보았어?"

"예. 자기는 뭐든지 주고는 싶지만, 무서워서 못 주겠대요!"

"뭐가 무서워서?"

"마을 사람들요! 그녀와 그녀의 엄마 단둘이에요. 어젯밤에 마을 남자들이 모임을 가졌대요."

의사는 모든 것이 신기하게 느껴져서 자기가 그 모임의 희생양인 줄도 잊은 채 소코로에게 계속 질문을 쏟아부었다.

"모임을 가졌다고? 어디서?"

"마놀로의 집에서요."

"선술집에서."

"예."

"뭘 원한데? 내가 떠나기를 원한다나?"

"우리가 떠나기를 원해요."

만약 그만 떠난다면 그녀는 친척도 하나 없이 그전보다 더 열악한 상황에 남겨질 것이다. 소코로의 처지를 생각하면서 의사는 미안함을 더 느끼게 되었다. 더불어 그녀를 향한 사랑이 솟아나는 것을 느꼈다. 그는 그녀를 힘껏 안아 주며 그의 사랑을 확인했다.

"내가 시청에 불만이라도 표시하면 무슨 일이 벌어지는지를 모르고 있나 보군."

소코로는 아무런 대답 없이 심각한 표정을 하고 있었다.

의사는 아무에게도 책임을 전가하지 않았다. 정당하지 못한 행동이라 판단했다. 그들은 잘못 판단하고 있었고, 그들에게 그것을 설명하기로 마음먹었다. 다른 사람이었다면 불만을 토로했을 것이다. 예를 들면 그의 전임자인 돈 훌리앙은 불만을 갖고 마을을 떠났다. 저녁 무렵에 마놀로의 선술집으로 갔다.

마놀로와 아이를 안고 있는 그의 부인 그리고 낯익은 얼굴들이 보였다.

"페페 있나요?"

마놀로와 그의 부인은 놀란 채 서로 바라보고만 있었다. 이들의 놀라는 눈빛을 이해하지 못한 채 의자에 앉았다. 왜냐하면 그도 역시 흥분된 마음을 진정해야 했기 때문이다.

"언제 오나요?"

마놀로는 머리를 가로저었다.

"모르겠는데요."

"내일 차가 필요한데."

마놀로의 부인은 얼굴을 찡그렸다.

"아, 예."

마놀로는 그가 돌아오면 말을 전하겠다고 말했다.

의사는 인사한 후에 문가에서 잠시 머무는 듯하다가 그

냥 떠났다. 마놀로의 얼굴이 눈앞에서 가시질 않았고, 물건을 사겠다고 했다면 어떠했을까 하는 생각까지 했다. 누구를 더 두려워하는지를 알아보도록 실험적 행동을 할 수도 있었다. 하지만 내일이면 한 달 치 물품과 식량이 도착하는 것을 생각하고는 그러한 애꿎은 행동은 안 하기로 했다. 하현달이 공허한 하늘에 나타나기 시작했고, 작은 회오리바람은 강을 건너갔다. 의사는 손을 호주머니에 집어넣은 채로 집으로 향해 갔다.

의사는 이상한 감정에 사로잡혔다. 다른 마을 사람들은 자기들에게 피해를 주었다고 믿고 있어서, 의사를 증오하는 듯했지만, 그는 그 어느 때보다 더 이들에 대한 애틋한 감정이 일어나고 있었다. 밤에는 자기에게 다시금 질문을 던졌던 알프레도를 생각했다. '의사 선생님은 어떻게 하실 겁니까?' '나는 남을 겁니다. 여기에 영원히 남을 겁니다.' '영원히요?'

페페는 아래쪽에서 담배를 피며 기다리고 있었다. 의사의 손 인사에 답례로 손을 흔들었다.

"안녕하세요."

울퉁불퉁하고 여기저기 길이 패인 곳을 지나며 차는 매우 흔들렸다. 태양은 아직 마을을 비추지는 않았고, 안개는 강가에 짙게 내려앉아 있었다. 의사는 거울로 자신을 보고 있는 페페를 바라보고 있었다.

"어디까지 가는 건가?"

"역까지요."

흔들리는 차 안에는 두 명의 일그러진 얼굴이 보였다. 페페는 언짢은 듯, 한마디를 내뱉었다.

"이 망할 놈의 도로는 언젠가는 땅 밑으로 꺼져 버릴 거야!"

저 멀리서부터 달려오는 듯한 스산한 그림자 하나가 나타났다. 조금 뒤에는 같은 형상이 두 개 더 나타났다. 한쪽 편에는 깨끗한 옷을 입은 여인들이 걸어가고 있었다.

"어디 가세요?"

"가까운 곳에 갑니다."

살짝 머리를 돌려 대답했다.

"장례식인가요?"

"아니요. 배급을 받으러 갑니다."

의사가 가 보지 못했던 작은 마을에 도착했다. 길은 마을을 반으로 나누고 있었고, 사람들이 많이 모여 있어서 차를 세워야만 했다.

"우리가 항상 이 길로 왔나?

"예, 그렇습니다."

몇 집은 하얀 색으로 페인트칠을 했고, 그 집 주변에는 사람들이 모여 있었다. 문 앞에는 민병대원 두 명이 앉아 있었다.

"시청 창고는 일 년 내내 조용하다가 지금처럼 배급할 때만 되면 발 디딜 틈이 없어요."

자동차 경적 소리는 머리에 검은 손수건을 두르고 자루를 하나씩 맨 여인들과 작은 말이나 망아지를 끌고 있는, 햇빛에 그을려 얼굴이 검게 된 남자들을 두 갈래로 벌어지게 했다. 창고 안에는 두 명의 여직원들이 손님들을 대하느라 정신이 없었다. 창고 안에는 하몽[8]과 저장 음식들이 꽉 들어찼다. 문 앞 계단에 한 노인이 햇볕을 쬐며 졸고 있었다.

"오늘은 모두에게 축제 같지요!"

페페는 한마디를 하고, 사람들 사이를 빠져나온 후에, 액셀을 힘껏 밟아 마을을 빠져나왔다.

자동차가 골짜기를 들어서면서 차 창문 틈새 사이로 차가운 바람이 들어왔지만 의사는 꾸벅꾸벅 졸고 있었다. 소매를 걷어 올린 페페의 팔이 의사의 발밑에 있던 우편낭에 편지를 집어넣으려 하자 갑자기 잠에서 깼다.

"잠이 들었네요."

---

8) 하몽: 스페인식 생햄.

"좀, 졸았군. 아직 멀었나?"

"다 왔습니다."

주변을 돌아볼 겨를 없이, 자동차는 초원을 다시 달리기 시작했다.

"오래 머물 생각인가요?"

"어디서?"

"기차역에서요."

"아니, 왜?"

"아, 그냥요. 괜찮으시다면, 몇 가지 물건을 받아 와야 해서요."

"나는 바쁘지 않아."

"기차표를 사려고요?"

"무슨 기차표?"

페페는 이상한 듯 가만히 바라보고만 있었다.

"난 안 떠나."

전쟁 때 무너진 다리에 널빤지를 올려놓은 다리를 건넜다. 의사는 발아래 강물을 보려 몸을 차 창문 밖으로 내밀고, 페페의 말을 듣고 있었다.

"아직 수리를 하지 않았네요. 언젠가 떨어질지도 모르겠어요."

다시금 침묵이 흘렀다. 담배 연기만이 창문 사이로 새어

나갔다.

"인생이 그런가 봐요. 선생님은 남고, 나는 떠나고…."

"떠나기로 했나?"

"예, 결정했어요."

의사는 알프레도의 딸을 밤에 찾아가던 페페를 기억했다.

"그런데, 결혼은?"

"나중에나 생각해 봐야지요. 하는 일을 봐서요."

"자네 형을 설득했나?"

"어젯밤에 결정을 했습니다. 하루라도 빨리 떠날 겁니다."

"가게를 열 건가?"

"시드라[9] 가게를 열까 합니다. 역 근처에 싼 가게가 있나 알아보려고요. 그런 곳에서는 장사가 될 겁니다. 내가 생각하는 대로 된다면 5년 안에 돈을 들고 다시 올 겁니다."

의사는 아무 뜻 없이 대꾸했다.

"아주 열심히 해야겠네."

"예전에 말씀드린 대로 상황에 따라 달라질 겁니다."

의사는 이 대화에 큰 관심이 없는 듯했고, 페페는 의사를

---

9) 시드라: 스페인 북부 아스투리아스 지역에서 나는 사과주.

다시 쳐다보며 다른 화제로 재빨리 바꾸었다.

"내가 선생님이라면 당장에 떠날 텐데요."

의사는 대답을 회피했다. 덜컹거리는 차 안에서 가만히 앉아 있었다.

"이곳에서 뭘 기대하세요? 안 좋은 일만 벌어져요. 지금 어떤 상황인지 아시잖아요."

"그렇기는 하지."

"여기서는 평생 가난에서 벗어날 수가 없어요."

"나도 알고 있네."

"어쩔 겁니까? 진짜로 의사 선생님을 모르겠네요! 아무런 희망도 없나요?"

"모르겠어."

얼굴을 찡그렸다.

"떠나기로 마음만 먹으면 갈 데는 많이 있잖아요. 나 같은 놈에게는 그런 것이 없지만…."

"그런데?"

"저에게 차를 부탁했을 때 저는 떠나는 줄 알았어요. 그리고 가방이 없기에 차표를 사러 간다고 생각했어요."

의사는 이번 일에 대해 설명했고, 페페는 어깨를 움츠렸다.

"선생님은 하고 있는 일을 잘 알고 계시겠지요. 왜 이 모든 것을 짊어지고 있는지 모르겠어요. 자, 다 왔어요."

브레이크를 밟으며 페페가 말했다.

차를 세우자 세사르가 그를 마중 나왔다.

"같이 갈까요?"

"아니네. 나 혼자 갈게. 소포를 찾으면 자네에게 연락하겠네."

차에서 내려 빠른 걸음으로 사라졌고, 세사르는 페페에게 백포도주 한 잔을 사 주었다.

선술집에는 다른 지역의 중매인들이 자리를 잡고 기차를 기다리고 있었다. 그들은 무릎까지 내려오는 긴 셔츠를 입고 있었다. 선술집에 들어서며 이들에게 가볍게 인사를 했고 커피를 마시고 있던 이들도 답례로 손을 관자놀이에 가져가며 군인처럼 인사했다.

작은 호텔 주인은 이들이 들어오는 것을 보고 가까이 다가와 페페에게 물었다.

"오늘은 빨리도 왔네?"

"오늘은 의사 선생님 일로 왔어요."

"크게 당했다면서?"

세사르가 페페의 등을 치며 물었다.

"둘 다 백포도주?"

"그러지 뭐."

"나한테는 그런 장난 못 쳐."

"그 젊은 의사는 나이에 비해 대담한 점이 있어!"

"나이가 몇인데?"

"아무리 많아도 서른 살이 넘지 않을 거야!"

"그 의사 선생을 안 쫓아내는데 내기를 걸지!"

"누가 쫓아낸다고 해!"

세사르와 페드로는 서로를 쳐다보았다.

"자네는 우리가 자네 마을에서 벌어지는 일을 하나도 모를 줄 아나!"

페페는 아무 말 없이 잔을 비웠다. 나머지 둘은 계속 지껄였다.

"돈 프루덴시오에게 그 여자아이를 빼앗은 것 말이야. 그건 아주 잘한 일이야. 누군가 밖에서 인물이 와서 우리에게 그 노인을 어떻게 대해야 하는지 가르쳐 줄 필요가 있어. 그 의사 같은 사람이 필요했어. 다 늙은 노인네는 필요 없어."

"그 노인네 뭘 해야 할지 모르고 있다며! 그 의사, 몇 년 후에는 돈 프루덴시오를 대신하겠어."

"그건 그렇고, 돈 프루덴시오는 어떤가?"

"건강이 그리 좋지는 않아."

세사르는 악의적인 웃음을 지었다.

"그렇지, 그런 일은 그 나이 노인에게 꽤나 충격적이었겠지. 누구에게 그 돈을 물려줄지 아나?"

"모르지."

"소코로는 아니겠지."

"내가 알 바가 아니야! 자기 동생에게 주겠지."

페페는 농담 놀이에 귀찮은 듯 대답했다.

"그 여자아이에게 물려준다면 멋진 일일 텐데."

"누가 알겠어."

세사르도 귀찮은 듯 대답하고는 늘어져 있는 술병들을 바라보다 다시 말을 이었다.

"그 젊은 의사는 아주 영악해 보여! 그 마을에서 안 떠나는 걸 보면 무슨 꿍꿍이가 있는 것이 틀림없지!"

"나야말로 떠날 거야."

페페는 이렇게 말하고는 바로 자신의 계획을 이야기했다.

"네가 돈이 있다면 자네한테 그 차를 살 텐데 말이야. 여기서는 한 푼도 저금할 수가 없어!"

페페는 도시에서는 제값을 다 받을 수 있다고 큰 소리로 대답했다.

"자꾸 두드리면 열리는 법이지! 도시로 가려고 하더니 드디어 떠나는구먼."

페페는 농담 대신에 다시 진지한 모습으로 돌아왔고, 페페의 등을 친한 척 두드리던 세사르는 술 한 잔을 더 권했다. 그리고 힘껏 소리쳤다.

"우리는 이곳에서 힘도 못 쓰고 가만히 지내지만, 자! 여기 새 삶을 개척하는 친구가 있습니다!"

"이봐, 여기는 페페의 마을과는 달라."

페드로가 반기를 들었다. 페페도 지지 않고 말했다.

"다르긴 뭐가 달라! 이곳에서 탈출해야 해. 움직여야 한단 말이야!"

페드로는 고개를 갸웃거리고, 술을 시키는 다른 손님에게로 갔다.

"도시에서는 여기처럼 일을 안 해도 되는 줄 아나?"

"물론, 일은 해야지. 하지만 차원이 달라. 도시에서는 열심히 일을 하면 가난에서 벗어날 수 있지만, 여기는 아냐! 나를 보면 알 수 있잖아! 내가 뭘 버냐고!"

"벌기는 벌잖아. 너무 가난한 티를 내지 마."

"쥐꼬리만큼 벌기는 벌지."

페드로가 알고 있는 손님은 이야기를 듣고 있다가 다가와서 페페에게 말했다.

"당신 말이 맞아요. 도시에 가면 모두들 자가용이 있지요."

세사르도 한마디를 거들었다.

"맞는 말이지만, 똑똑해야 잘살 수 있지요. 다른 사람보다 더 열심히 해야 해요."

페드로는 재미있는 듯 두 눈을 크게 뜨고 세 사람의 이야기를 경청하고 있었다. 가끔은 두 손을 붉은 얼굴로 가져가기도 했다. 그러고는 세사르에게 다른 손님을 대신해서 한 가지를 설명했다.

"이 사람은 도시에서 오래 살았어."

세사르와 페페는 그를 한동안 쳐다보았다.

"한 오 년 살았지요. 그런데 떠나야만 했어요."

"왜요?"

"일이 잘 안 풀렸어요. 다른 이유가 있겠어요. 일자리를 찾지 못했지요."

세사르는 대답 대신 포도주를 한 모금 마셨다.

"내 말을 못 믿나요?"

"안 믿을 것도 없지요. 그건 그렇고 이 친구는 다른 케이스입니다. 이 친구는 일자리를 찾는 것이 아니라 가게를 열 작정입니다."

페페는 세사르가 자기를 대신해서 말을 하도록 그냥 놔두었다. 기차가 곧 도착한다는 안내 방송이 들리자 기차를 기다리던 다른 손님들은 밖으로 나갔다. 사선을 그으며 비추는 노란 빛의 태양이 문에서 선술집 안쪽으로 들어왔다.

"가게는 운영했나요?"

"아니요. 그만큼의 돈은 없었어요. 하지만 페드로도 아는 한 친구는 가게를 운영한 적이 있어요."

"누구요?"

"마누엘의 조카요."

"그 사람도 잘 안 풀렸나요?"

"가게를 좀 크게 운영했지요. 과일 도매를 했어요."

"그런데요?"

"뭐, 큰일이 벌어진 것은 아니고. 운영에 차질이 있었어요. 더 큰 도매상들이 자기들끼리만 거래해서, 그 친구는 낙찰을 하나도 받지 못했지요. 그래서 더는 견디지 못하고 가게를 그만두었지요."

"나는 그렇게 크게 사업을 하지 못해요."

페페는 간단히 자신의 입장을 설명했다.

"나도 단지 여기서 썩고 싶지 않다는 것뿐이야."

세사르도 이렇게 말을 거들었다.

의사와 페페는 해가 꼭대기에 떠 있는 정오가 되어서 마을로 돌아왔다. 마을 입구에서 농약을 뿌리고 있는 안톤과 그의 아내를 보았다. 페페는 차를 멈추었다. 안톤은 농약 통을 등에 매고 있었고, 쉴 새 없이 손잡이를 움직여 농약을 뿌리고 있었다. 숨이 차오르면 잠시 쉬어 가며 비지땀을 흘리고 있었다. 농약으로 하얗게 색이 바랜 슬리퍼 사이로 회색빛의 밭을 찬찬히 보고 있었다. 페페의 목소리가 들리자 도로 쪽으로 눈을 돌렸다. 땅바닥에 끌고 다니는 양동이에서 바가지로 물을 떠서 작물들에게 물을 주고 있는 자기 아내를 힐끗 쳐다보곤 했다.

"많이 남았나요?"

페페는 이렇게 물었고, 안톤은 손을 이마에 갖다 대고 허리를 펴며 말했다.

"한두 시간이면 끝나네."

안톤의 아내도 농약 통을 한쪽으로 치워 놓으며 허리를 폈지만, 바라만 볼 뿐 아무런 말은 하지 않았다. 의사는 이 두 사람의 시선이 자기를 모른 척 지나 페페에게로 가는 것을 느꼈다. 그들에게는 단지 돈을 훔쳐 간 도둑으로밖에 보이지 않는 것을 알 수 있었다. 외지인의 기억은 점차 사라지고, 자기만이 사기의 원흉으로 남게 되리라는 것을 생각하고 있었다. 이들에게 말을 건넨다고 달라지는 것은 없을 것이다. 어떤 말로 이들에게 자기의 생각과 진실을 설명할 수 있을까?

페페는 손을 흔들어 인사했고, 나머지 둘은 계속 일했다.

"이 기계, 누구 겁니까?"

"농약 살포기? 다섯이서 함께 샀어. 그래서 서두르고 있지. 오늘 오후에는 내 동생이 써야 하거든."

소코로는 자동차 소리를 듣고, 집에서 나와 의사가 가져온 상자를 들고, 그에게 말했다.

"발타사르가 조금 전부터 기다리고 있어요."

의사는 그때서야 소코로의 불안감에 싸인 얼굴을 보았다.

"뭐 하러 왔대?"

자동차 모터 소리에 몰두하고 있는 페페를 경계하는 듯 낮은 목소리로 말을 이었다.

"당신과 이야기하고 싶대요."

의사는 부엌으로 들어갔다. 막 집을 떠나려는 발타사르는 그를 보자 자리에서 일어났다. 이번 달은 월세를 냈기 때문에 상관없지만, 다음 달에는 다른 집을 찾아보라고 말했다. 의사는 대답을 못하고 계단에 앉아, 집을 나가는 발타사르를 바라보았다.

발타사르의 딸은 강에서 자기 동생을 씻기고 있었다. 해가 질 무렵이 되면 강물은 목욕하기에 좋게 따뜻해진다. 아이는 매번 그렇듯이 울고 있었다. 처음에는 발을 씻고 다음에는 무릎 그리고 팔도 씻겨 주었다. 마지막에는 얼굴과 머리를 씻기고 이제는 머리를 빗겨 주고 있었다.

남자 한 명이 다가오는 것을 보고, 아이는 울음을 멈추었다. 그 아이 누나는 누구인지 금방 알았지만, 뭐라 할 말을 찾지 못했다.

"너 동생이니?"

여자아이는 머리를 끄덕였다.

"다른 동생은 어디 있지?"

"집에 있어요."

"동생을 매일 씻겨 주니?"

"가능하면 거의 매일요."

"다른 동생도?"

"지금은 아프고, 게다가 다른 동생은 이제는 많이 컸어요."

동생을 강에서 꺼내서 수건으로 몸을 구석구석 닦아 주었다. 풀밭으로 나온 동생은 딸꾹질을 하며 몸을 부들부들 떨고 있었다. 옷을 다 입은 후에 집으로 향했다. 누나는 이제야 자기의 손과 머리를 씻고 있었다. 목소리는 아직 어리지만 행동은 어른스러웠다. 수건은 마른 곳에 두고 비누는 강에 흘러가지 않는 곳에 두었다.

돌풍이 백양나무 세 그루가 평행하게 있는 계곡 쪽으로 불었다. 교회의 종소리가 울렸고, 의사는 돈 프루덴시오를 생각했다. 선술집에서 안톤이 한 말로는 건강이 좋지 않고,

이제는 사람들과 이야기도 하고 싶어 하지 않는다고 했다. 오래 살지 못한다는 것을 이제는 모든 사람이 짐작하고 있었다. 소코로도 긴 침묵을 깨고 돈 프루덴시오를 걱정하는 말을 의사에게 전했다. 의사는 여자아이들과 강가에 앉아 그녀를 생각하고 있다.

어느 날 밤 의사는 평생을 그렇게 말없이 지냈느냐고 물었다. 그녀는 의사를 이해하지 못했다. 왜냐하면 침묵 이외의 다른 삶의 방법을 생각해 보지 않았기 때문이다. 그는 그녀의 목소리를 듣고 싶다고 말했다. 그녀가 살아온 이야기, 그녀의 부모님에 대한 이야기, 그녀가 태어난 마을에 대해서도 듣고 싶다고 했다.

"항상 이렇게 지냈어?"
"네."
의사는 그녀의 어깨에 손을 얹고 계속 말을 이었다.
"뭐든 말을 좀 해 봐."
"무슨 말을 하기를 원해요?"
"그래. 너 말이 맞다."
의사는 이런 마을에서 여자란 무엇인가를 잘 알고 있었다. 항상 남자의 그늘 아래서 집안일만을 하고, 자식을 낳고 죽는 날까지 억눌려 살아야만 한다.

바람에 흔들려 종소리가 다시 나지막하게 울렸다. 여자 아이는 짙은 갈색 머리를 빗고 있었다.

소코로는 그의 욕망을 이해하지 못했다. 아마도 그녀의 머릿속에 돈 프루덴시오의 기억이 있는 한은 그를 이해하지 못할 것이다. 매일 불어오는 바람은 마치 돈 프루덴시오의 신음 소리를 전해 오는 듯했고, 의사는 이러한 소코로는 보는 것이 괴로웠다.

강가에 핀 수선화를 바라보며 의사는 돈 프루덴시오가 죽기를 바라고 있었다.

"안녕히 가세요."

아이는 천천히 걸어서 마을 쪽으로 갔다. 저 아이도 시간이 흘러감에 따라 어느 남자의 그늘 아래서 침묵하고 살아가는 여자가 될 것이다.

"잘 가라!"

신발이 흙에 빠져들어서 의사는 일어나며 인사했다. 나무에 묶여 풀을 뜯던 소 한 마리가 의사를 쳐다보았다. 그리고 아마도르의 집으로 가서 환자가 있는 방으로 올라갔다.

"나를 모르겠니?"

소년은 깊은 한숨을 내쉬며 두 눈을 뜨고 의사를 바라보았다.

"나를 기억하니?"

"예. 기억해요."

"어떠니?"

"똑같아요. 아버지 나가시는 것 못 보았나요?"

"아니."

"조금 전에 나가셨어요. 소를 데리고 수의사에게 가신다고 하셨어요."

소년이 일어나 앉는 것을 도와준 다음 진찰했다. 항상 그렇듯이 힘들게 숨을 쉬고 있었지만, 그날은 무슨 심경의 변화가 있는 듯했다.

"조금은 나아지고 있다."

소년은 듣지 못한 것 같았다. 셔츠를 입는 소년을 도와주었다.

"나아지고 있단다. 운동을 시작해 보자."

소년은 계속 아무 말 없이 의사를 초롱초롱한 두 눈으로 뚫어지게 바라보았다. 창백한 얼굴에 있는 빛나는 두 눈은 침대에 누워 의사를 쏘아보고 있었다.

"이것은 새로운 치료법인데…. 운동과 마사지를 병행하는 것이야."

의사는 왜 이런 이야기를 하는지 혼잣말로 자문했다. 그는 소년에게는 효과가 하나도 없을 것이라 생각하고 있었다. 그 소년도 자기에게는 효과가 없다는 것을 아는 듯했다. 문 쪽으로 가서 그림들을 살펴보았다.

"가실 건가요?"

"내일 다시 올게."

"지금은 어디 가세요?"

침대보 안에서 흐느적거리는 몸뚱이를 보았다.

"식모도 아버지도 안 계시는데, 저 좀 도와주실 수 있나요?"

다시 일어나려고 애를 쓰고 있었다.

의사는 침대에 앉았다. 아주 가까이 두 얼굴은 마주 보고 있었고, 밖에는 어둠이 지고 있었다. 어둠 속에서 마치 큰 고통에 못 이겨 말을 내뱉듯이 의사에게 물었다.

"어떻게 하신 건가요? 어떻게 된 건가요?"

"내가 뭘 했는데?"

소년은 두 팔을 끼고 의사를 뚫어지게 바라보면서 성급히 이야기를 했다.

"그 외지인 말이에요. 선생님이 그 사람에게서 돈을 다 빼앗았나요. 발타사르, 마르틴, 대장간 아저씨들이 그리고 아버지도 그렇게 말을 하던데요. 이야기를 해 주세요. 안톤 아저씨 일도요."

이튿날 목동 두 명이 새끼 양 한 마리를 데리고 산에서 내려왔다. 학교 옆에서 목을 따 도살했다. 아마도르는 가죽을 샀고, 가죽이 벗겨진 양은 나무에 걸쳐져, 토막으로 팔렸다.

이른 아침부터 대장간 옆 들판에서 화톳불이 피어나기 시작했다. 남자들은 수저와 접시를 들고, 아직 집에서 나오지 않은 사람들에게 나오라는 신호라도 보내듯이 수저와 접시를 부딪쳐 요란한 소리를 내고 있었다. 마놀로는 솥 두 개를 빌려 주었고, 불에 바람을 낼 때마다 양 내장 선지탕은 맛있게 끓고 있었다. 남아 있던 목동들도 갓 구워 낸 맛있는 빵을 들고 내려왔고, 마을 대표가 선물한 포도주가 도착했을 때 식사는 시작되었다.

마지막으로 도착한 사람은 아마도르였고, 다들 모였는지 물어보았다. 아직도 못 온 사람들에게 알리려고 종을 울렸고, 발타사르가 제일 먼저 먹기 시작했다.

"조금 더 붓게나. 더 붓는다고 가난해지지 않잖아!"

"많이들 오질 않았네! 원하는 사람은 한 번 더 먹게나."

포도주가 점점 줄어들어 가면서 노래와 이야기 소리는 더욱 커져 갔다. 도로변에 한 무리의 소년들도 평소에는 무뚝뚝한 양치기 할아버지의 썰렁한 농담을 들으며 웃고 있었다. 아마도르는 한 소년에게 눈짓을 하며 가까이 오라고 했다.

"애야, 이리 와 봐라!"

"누구? 저요?"

"그래, 너 말이야! 이리 와 봐라!"

아이들에게 포도주 병을 주며 따르라고 했다.

"아이들은 이곳에 오면 안 된다."

하지만 아이들은 꼼짝도 하지 않았고, 조금 후에는 이들의 존재를 모두 잊어버렸다. 고기가 다 구워지자 마놀로는 접시에 듬뿍 담아 아이들에게 주었다.

암파로는 자기 집 문 앞에서 남자들이 즐기는 모습을 바라보았다. 침대에 누워 있는 그녀의 어머니가 말을 건넸다.

"이제 식사를 하고 있냐?"

"예, 조금 전에 먹기 시작했어요."

"의사 선생님은 불렀냐?"

"없는 것 같은데요."

까치 한 마리가 강 주변을 빙빙 돌다가, 강물에 머리를 적시곤 했다. 남자들의 노랫소리에 놀라서 대장간 지붕까지 날아 올라갔다.

"이제는 뭘 하냐?"

"계속 먹고 있어요."

"너는 먹었냐."

"예."
"왜 먹질 않니? 아플지도 모른다."
"이 더위에는 식욕이 없어요."
"의사에게 진찰을 받아 보렴."
"그 사기꾼 때문인가 봐요!"
"누구?"
"말씀드렸잖아요!"
"아, 그래."

창문 옆에 앉아 남자들이 즐기는 모습만 바라보았다. 햇볕을 쬐며 아무런 생각 없이 앉아 있었다. 이것이 그녀의 삶이었다. 목적도 없이 지내는 것이 그녀의 삶이었다. 그 시간에 사기꾼은 시청에 있는 감옥에서 형을 살고 있을 것이다. 10년 동안은 나오질 못할 것이다. 이제 그녀에게는 아무런 의미가 없는 사람이 되었다. 삶에 대한 가치가 사라졌다. 그저 쳇바퀴 돌듯 그냥 살아가야만 했다.

"의사는 떠난대냐?"
"아직 모르겠어요."
"쫓아내야 한다고 말들을 했다면서."
"엄마가 직접 가서 물어보세요!"

목동 대장은 흥겹게 큰 소리로 노래를 부르고 있었다. 가끔은 목소리가 잠기기도 했고, 아이들은 길 건너편에서 이들을 조용히 바라보며 웃고 있었다.

"내년에는 양 두 마리를 잡아야겠어."

알프레도는 신이 나서 이렇게 외쳤다.

"양은 한 마리면 충분하고, 포도주나 더 주문합시다."

누군가가 이렇게 대답했다.

"좋아."

모두 찬성했다.

점심 식사가 끝나자 노인들은 대장간 벽에 등을 기대고 앉아, 먹은 음식이 소화가 잘되기를 바라며 계속 이야기했다. 다른 남자들은 장작불 연기를 피해 잔디밭에 누웠다.

마놀로는 사람들에게 항의하듯 한마디 했다.

"누가 솥을 닦을 텐가?"

"나중에 닦아 줄게!"

"누구 나 좀 도와줄 사람 있나?"

"솥단지 얘기는 나중에 하고 이리 좀 오게!"

모두 담배에 불을 붙였다. 담배 연기는 연기 기둥을 만들어 내며 하늘로 올라갔다. 편안히 누워서, 손은 머리 뒤로 받치고 하늘을 바라보았다.

아마도르는 마놀로 가게에서 커피를 마실 것을 제안했고, 모두 찬성했다. 마놀로는 준비하러 미리 가게로 떠났다. 나머지 사람들은 저마다 편안한 자세를 취하고 있었다. 아이들은 길 건너편에서 어른들의 노랫소리를 들으며, 언젠가는 자신들도 저 자리에 있으리라 생각하고 있었다. 늦은 오후가 되자 심심해진 아이들은 강가로 몰려가서, 자갈돌을 강에 던지며 놀기 시작했다. 그중 하나가 돈 프루덴시오의 창고 창문을 깨뜨렸다. 유리가 깨지는 소리가 난 후에는 모두 침묵을 지켰다. 몇 명은 도로 뒤편으로 도망쳐 버렸고, 용감한 두 명의 아이는 길을 건너 돈 프루덴시오의 담에 붙어 노인의 불호령을 기다리고 있었다.

"주무시고 계신가?"

"창문 깨지는 소리가 났잖아!"

두 명의 아이가 집 쪽으로 다가왔고, 이미 온 아이들이 자기들 쪽으로 오라고 신호를 보냈다. 아이들은 모두 창문을 보고 있었다.

"무슨 일이지?"

"아무도 없나 봐!"

"왜 없겠어!"

"어제 우리 아버지가 이제는 밖에 나오시지 않는다고 말씀하셨어."

"그런 게 아닌가 봐!"

"거짓말이 아니라고! 나랑 내기할래?"

"아무런 소리도 들리지 않아. 주무시고 계신가 보다!"

잠시 모두 머뭇거렸다. 그중 가장 나이가 많은 아이가 말했다.

"내가 창문으로 들어가 볼게."

처음엔 모두 반대했지만, 무슨 일인지 궁금해졌다. 몇 명이 탑을 쌓아 발타사르의 아들이 올라가기 쉽게 도와주었다.

"뭔가 보여?"

"뭔가 들려?"

"뭐가 들리겠어. 여기는 창고인데!"

"조용히들 해!"

"무슨 일이야?"

"조용히 하라니까!"

발타사르의 아들은 창문틀을 잡고 있었지만, 다리가 후들거렸다. 바닥에 힘없이 주저앉아 버렸다.

"왜 그래?"

소년은 대답하지 못했고, 모두 무언가 이야기하기를 기다리고 있었다. 집안 한구석에서 신음 소리가 들려오고 있었다. 마치 죽어 가는 짐승의 침울한 절규 같은 소리였다. 숨을 멈추었다가 다시 쉬기를 반복했다. 아이들은 겁을 먹은 채 서로를 바라보았다. 그리고 선술집으로 달려갔다.

발타사르는 한마디를 내뱉었다.

"죽어 가고 있구나."

하지만 그 누구도 그의 집으로 가려고 하질 않았다. 죽어 가는 돈 프루덴시오가 듣기라도 할까 봐 노랫소리는 멈추었고, 침묵을 지키고 있었다.

"사람이 죽어도 그 모습은 개나 다름없어!"

"누군가가 죽으면 얼마나 짖어 대는지!"

모두 어두운 표정으로 아무도 움직이지 못하고 그대로 서로를 쳐다보고만 있을 때, 마놀로의 아내가 부엌에서 나오며 말했다.

"무엇들 하세요? 아무도 가질 않을 건가요? 아이들이 하는 말을 들었잖아요! 누군가가 의사에게 알려야 하잖아요!"

아무도 움직이려 하질 않았고, 아이 하나를 보냈다.

"의사 선생님께 가서 돈 프루덴시오 어르신이 죽어 가고 있다고 전해라."

"이곳으로 오시라고 할까요?"

"아니, 돈 프루덴시오 집으로 오시라 해라."

알프레도는 다시 바닥에 주저앉았다.

"우리는 아무 죄가 없다고. 그의 가족이 그를 돌보지 않은 거야. 그들의 잘못이야!"

모두 아무런 말도 건네지 않고 각자의 집으로 흩어졌다. 마놀로의 아내는 마지막 사람이 가게를 나서자, 망토를 어깨에 두르고 돈 프루덴시오의 집으로 향했다.

"남자들은 모두 아무런 행동도 못하나요!"

안톤이 가까스로 대답했다.

"내 아내도 그곳으로 갈 겁니다."

"죽어 가는 사람에 대한 조금의 예의라도 차려야 하잖아요!"

돈 프루덴시오의 집 앞에는 이미 안톤의 아내가 기다리고 있었다. 두 여자는 어두운 집 안으로 들어갔다.

"누구세요?"

위층에서 누군가의 목소리가 들려왔다. 방 안의 문이 열리고, 빛 한 줄기가 새어 나왔다. 손에 들고 있던 등불 너머로 소코로의 얼굴이 보였다. 소코로는 등불을 탁자 위에 올려놓았다. 아무런 말이 없었다. 두 여인은 마지막 임종을 조용히 보내려는 두 사람의 분위기를 깬 듯해 매우 미안한 마음을 가졌다. 돈 프루덴시오는 숨을 거두고 있었다. 세워진 베개에 기대어 앉아, 소코로가 밤새 앉아 있던 구석만을 바라보고 있었다.

"의사 선생님께는 알렸어?"

안톤의 부인이 입을 열었다. 소코로는 아무런 대답을 하지 않았고, 돈 프루덴시오는 흐느적거렸다. 깊이 숨을 쉬고는 혼신을 다해 말을 하려 애를 쓰고 있었다.

"안 돼. 부르지 마라!"

마놀로의 부인은 입술에 손을 갖다 대고, 창문 쪽으로 갔다.

"오시고 있어?"

안톤의 부인은 바닥을 바라보고 소리 내어 기도를 하고 있었다. 속삭이는 소리, 소리 내어 기도하는 소리가 한데 어울려 뒤섞여 들렸다. 손에 가방을 들고 집 안으로 들어오는 의사의 모습이 보였다. 그의 발자국 소리는 점점 더 가까이 들렸다. 돈 프루덴시오는 마치 마지막 외침을 하듯 말을 이었다.

"아니야! 오지 말게."

"어르신이 무엇을 원하시나?"

소코로는 아무런 대답을 하지 못했다. 그리고 손으로 땀을 닦으며 문을 열고 나가는 의사를 바라보았다.

두 민병대원은 마놀로의 가게 앞에 멈추어, 건너편 쪽을 가리키며 물어보았다.

"무슨 일이 있나?"

돈 프루덴시오의 집 문이 열리고, 여자들의 목소리가 등불의 빛과 함께 전해졌다. 마놀로는 벽에 기대며 대답했다.

"돈 프루덴시오 어르신이 숨을 거두었어."

"어르신이?"

"그래."

"오래됐어?"

"한 한 시간 정도 되었을 거야."

"지난번에 역에서 보았을 때는 그렇게 나빠 보이질 않았는데."

"심장병이었나 봐."

더 늙어 보이는 민병대원이 중얼거리며 한마디 했다.

"그것 아주 위험하지."

이들은 선술집 안으로 들어왔다. 이들과 같이 온 개는 이들의 다리 밑에 웅크리고 앉았다. 술 한 잔씩을 시켰고, 젊은 민병대원은 망토를 벗어 문에 달린 못에 걸어 두었다.

"대령님은 돌아오셨나?"

"그럼, 벌써 오셨지."

"사모님이 아이를 낳았거든."

빛줄기 하나가 가게 안으로 들어왔다가 금방 사라져 버렸다.

"장례는 언제 하나?"

"돈 프루덴시오 어르신 말인가? 잘 모르겠지만, 내일 오후에나 하질 않겠어. 아마 동생에게 연락해야 하나 봐."

마놀로는 등불에 불을 켜려고 카바이드에 불을 붙이자

불꽃이 활활 타올랐다.

"그러다가 터지겠어!"

개는 일어나 고개를 들었다. 등불은 꺼지고 말았다.

"여름 내내 이래!"

"가운데 불이 꺼지면 안 돼."

금발의 늙은 민병대원이 문 밖을 보며 물어보았다.

"이곳에는 가족이 없나?"

"없어."

술잔을 다 비우고 잠시 아무 말 없이 있다가 들어오는 안톤과 산악 경비원에게 인사를 건넸다.

"잘 있었나?"

"잘 있지!"

"오늘 밤에는 여기에 다 모이는군."

산악 경비원은 웃음을 머금고, 자전거의 불을 껐다. 달빛 아래로 두 민병대원들은 밖으로 나와 산 쪽을 향해 갔다.

"오늘 무슨 일이 있나?"

마놀로는 어깨를 움츠렸다.

"모르겠어."

"민병대원들 말이야."

"그래."

"대령이 돌아와서 바짝 긴장을 하고 있나 보네. 느닷없이 차를 몰고 저자들의 근무지에 나타날지도 모르는 일이니까."

산악 경비원이 한마디 거들었다.

"하여튼 이 시간에 산을 오르다니…."

"지금 아니면 언제 가겠어!"

갑자기 문이 열리고, 안톤의 아내가 나타났다. 잠시 있더니, 들어오질 않고 자기 남편에게 큰 소리로 외쳤다.

"아마도르에게 연락해야 해요!"

안톤은 기분이 상해서 똑같이 외쳤다.

"아이, 젠장! 밤에도 나를 가만히 두지를 않는구먼!"

경비원의 것과 자기 것을 지불하고, 밖으로 나와서는 한마디도 하질 않았다. 호주머니에 손을 집어넣고, 빠른 걸음으로 아마도르의 집을 향해 걸었다. 그의 아내는 자기 남편의 뒤를 쫓아오다 이내 지쳐서 천천히 걸어오다 자기 집으로 가 버렸다.

아마도르는 가만히 안톤이 전하는 말을 듣고 있었다.

"동생에게는 연락했나?"

"모르겠어요."

"나는 어르신의 집으로 가겠네. 자네는 안토니오에게 자전거를 타고 역으로 가서 전보를 치라고 해!"

"주소 아세요?"

"자네도 모르나?"

"몰라요!"

"그럼 페페에게 물어보세."

동생은 다음 날 입관하기 두 시간 전에 도착했다. 처음에는 엄숙한 장례에 놀라는 눈치였다. 알프레도, 마티아스 그리고 노인 세 명이 장례를 진행하고 있었다. 금방 제작한 자작나무 관은 바닥에 놓여 있었다. 네 명의 장정들이 관을 메고 공동묘지로 천천히 관을 옮겼다. 땅속에 관을 묻을 때는 신부, 아마도르 그리고 동생만이 참관했다.

다음 날 돈 프루덴시오의 재산에 대한 경매가 이루어졌다. 의사는 집을 샀다. 아마도르가 낙찰을 알렸을 때 아무런 말이 없었고, 그 누구도 의사를 바라보지 않았다.

새벽녘에 찬바람이 마을에 불어왔다. 강은 물이 불어 빠르게 흘러갔고, 산은 안개에 싸여 있었다. 발타사르는 말에 큰 광주리를 매달고 마을 아래 밭으로 거름을 주러 갔고, 알프레도는 강 하류에서 그물을 준비하고 있었다.

사람들 몇몇이 선술집 앞에서 페페를 배웅하고 있었다. 가게에 들어갔다 나와 페페에게 포옹을 하며 작별 인사를 건네고 있었다. 마놀로와 그의 아내만이 자동차 뒷좌석에 짐을 옮겨 놓고 있었다. 드디어 자동차에 시동이 걸렸고, 모두 뒤로 물러났다. 이사벨은 혼자 남아 마놀로와 이야기하고 있었다.

의사는 발코니로 나갔다. 의자 하나를 놓고 앉으며 발아래 펼쳐진 마을을, 텅 빈 교회, 대장간 그리고 강을 천천히 바라보고 있었다. 아이들 세 명이 늦은 여름에 다리 밑에서 헤엄을 즐기고 있었다.

옮긴이에 대해

김선웅은 마드리드 콤플루텐세 대학의 '외국인을 위한 스페인 고급 문화 과정'을 수료하고, 동 대학 인문학부에 입학했다. 학사 과정을 거친 뒤에 스페인 현대문학 전공으로 석사 과정을 마치고, ≪헤수스 페르난데스 산토스의 신사실주의 소설≫로 박사 학위를 취득했다. 서울대학교, 선문대학교와 덕성여대에서 스페인어와 스페인 문화 관련 강의를 했고, 현재는 대구 스페인 문화원 부원장으로 활동하며, 대구가톨릭대학교와 경북대학교에서 강의하고 있다.

박사 학위 논문이 2006년 스페인 페세(PEXE) 출판사에서 출판되었고, 한국에서는 어린이를 위한 스페인 소개 책인 ≪에스파냐―열정과 자유분방함이 빚은 예술 혼≫이 2009년에 출간되었다. 다수의 페르난데스 산토스 관련 논문과 18세기 후반의 시인인 멜렌데스 발데스의 시를 연구한 논문을 발표했다. 아울러 점차 늘어가는 스페인어의 관심 추세에 발맞추어 스페인어 능력 시험인 DELE 시험에 대한 연구 논문도 발표했다.

용감한 사람들

지은이 헤수스 페르난데스 산토스
옮긴이 김선웅
펴낸이 박영률

초판 1쇄 펴낸날 2013년 4월 29일

지식을만드는지식
121-869 서울시 마포구 연남동 571-17 청원빌딩 3층
전화 (02) 7474 001, 팩스 (02) 736 5047
출판등록 2007년 8월 17일 제313-2007-000166호
전자우편 zmanz@eeel.net
홈페이지 www.zmanz.kr

ZMANZ
3F. Chungwon Bldg. 571-17 Yeonnam-dong,
Mapo-gu, Seoul 121-869, Korea
phone 82 2 7474 001, fax 82 2 736 5047
e-mail zmanz@eeel.net
homepage www.zmanz.kr

ⓒ 김선웅, 2013

Original title: Los bravos

ⓒ Jesús Fernández Santos, 1954.
ⓒ Ediciones Destino, S.A., 1954.

Korean Translation Copyright ⓒ ZMANZ,
an imprint of Communication Books Co. Ltd., 2013
All rights reserved.

This Korea edition was published by arrangement with
Ediciones Destino, S.A.
through Greenbook Spanish Literary Agency

이 책의 한국어판 저작권과 판권은 그린북 스페인어권 저작권 에이전시를
통한 저작권자와의 독점 계약으로 지식을만드는지식에 있습니다.
저작권법에 의해 한국 내에서 보호를 받는 저작물이므로
무단 전재와 무단 복제, 전송, 배포 등을 금합니다.
지식을만드는지식은 커뮤니케이션북스(주)의 인문 출판 브랜드입니다.

ISBN 978-89-6680-769-7
책값은 뒤표지에 있습니다.

지식을만드는지식은
지구촌 시대의 고전과 한국 문학을 출판합니다

도서목록 확인하고 5권 무료로 읽으세요

QR코드를 스마트폰으로 스캔하면 지만지 책 1800여 종과 바로 만날 수 있습니다. 홈사이트 컴북스닷컴(commbooks.com/지만지-도서목록/)으로 접속해도 됩니다. 도서목록을 보고 회원가입을 하면 책 5권(반)을 열람할 수 있는 컴북스캐시를 충전해 드립니다. 캐시를 받으려면 카카오톡에서 아이디 '컴북스'를 친구로 등록한 뒤 회원가입 아이디를 카톡으로 알려주십시오.

지만지고전선집
전 세계에서 100년 이상 읽혀 온 고전 가운데 앞으로 100년 동안 읽혀 갈 고전 중의 고전

인문

교육학 ≪루소 교육 소저작≫ 외   역사/풍속 ≪속일본기≫ 외
인류학 ≪여정의 두루마리≫ 외   종교 ≪동경대전≫ 외
동양철학 ≪귀곡자≫ 외   미학 ≪미학 강의(베를린 1820/21년)≫ 외
서양철학 ≪어느 물질론자의 마음 이야기≫ 외
지리학 ≪식물지리학 시론 및 열대지역의 자연도≫ 외

사회

경제학 ≪정치경제학의 민족적 체계≫ 외   군사학 ≪군사학 논고 천줄읽기≫ 외
사회학 ≪증여론 천줄읽기≫ 외   언어학 ≪일반언어학 강의≫ 외
미디어학 ≪제국과 커뮤니케이션 천줄읽기≫ 외
정치학 ≪관료제≫ 외

자연과학

물리학 ≪상대성 이론≫ 외   수학 ≪확률에 대한 철학적 시론≫ 외
생물학 ≪진화와 의학≫ 외   천문학 ≪코페르니쿠스 혁명≫ 외
의학 ≪치과 의사≫ 외   과학사 ≪그리스 과학 사상사≫ 외

문학
한국 ≪포의교집≫ 외
일본 ≪바다에서 사는 사람들≫ 외
고대 그리스 ≪히폴리투스≫ 외
독일 ≪길쌈쟁이들≫ 외
스페인 ≪위대한 술탄 왕비≫ 외
유럽 ≪로카디에라≫ 외
중남미 ≪네루다 시선≫ 외

중국 ≪서상기≫ 외
아시아 ≪물고기 뼈≫ 외
영국/미국 ≪빨래≫ 외
프랑스 ≪홍당무≫ 외
러시아 ≪유리 나기빈 단편집≫ 외
아프리카 ≪아딜리와 형들≫ 외
퀘벡 ≪매달린 집≫ 외

예술
미술 ≪예술에 관한 판타지≫ 외

연극 ≪풍자화전≫ 외

한국문학선집
한국문학의 어제와 오늘을 총정리하는 사상 초유의 기획

초판본 한국소설문학선집
한국 근현대문학 120년, 대표 작가 120명의 작품집 101권

초판본 한국시문학선집
한국 근현대문학 120년, 작고 시인 101명의 작품집 99권

한국동화문학선집
한국 아동문학사에 기록될 동화작가 120명의 작품집 100권

한국동시문학선집
한국 동시의 역사이자 좌표, 동시작가 111명의 작품집 100권

한국희곡선집
문학성과 공연성이 입증된 한국 대표 희곡 100권

한국 대표 시인의 육필시집
한국 시단을 주도하는 시인들이 직접 쓴 시집 80권

한국문학평론선집
한국 대표 문학평론가 50인의 평론집 50권

한국수필문학선집
한국 대표 수필가 50인의 수필집 50권

단행본
≪고려 후기 한문학과 지식인≫ 외